직업 멘토 ③

어린이 지식 e 서비스

어린이 지식ⓔ

직업 멘토 ❸ 서비스

초판 1쇄 인쇄　2015년 11월 20일
초판 1쇄 발행　2015년 11월 30일

발행처 이비에스미디어(주)
발행인 김재근
기획 EBS ⓞⓞ MEDIA 장명선　ⅠⅢDKJS 성준명
글 이장원　**그림** 이주희　**편집** 아우라　**디자인** 인앤아웃

판매처 ㈜DKJS
등록 2009년 11월 18일 (제2009-000323호)
주소 서울특별시 강남구 강남대로 84길 23, 1408-2호
전화 (02)552-3243　**팩스** (02)6000-9376
이메일 plus@dkjs.com

ISBN　979-11-5859-054-3 (64300)
ISBN　979-11-5859-036-9 (세트)

꿈을 이룬 멘토가 들려주는 직업이야기

직업 멘토 ③

어린이 지식
e
서비스

글 이장원 그림 이주희

지식플러스

배려와 서비스 정신으로 빛나는 직업 멘토와 함께
나의 꿈, 나의 직업을 찾아보아요

"이다음에 크면 뭐가 되고 싶어?"

"너는 장래 희망이 뭐야?"

"가장 하고 싶은 일은 뭐니?"

누구나 한번쯤 이런 질문을 받아 본 적이 있을 거예요. 이럴 때 뭐라고 대답하나요? 의사, 변호사, 과학자, 개그맨, 패션모델, 만화가, 경찰관……. 앞으로 내가 무엇이 되고 싶은지 자신의 장래 희망을 확실하게 정한 사람도 있겠지만 아직은 내가 무엇을 좋아하는지, 어떤 일을 하고 싶은지 잘 모르는 사람도 많을 거예요. 사실 나의 꿈, 나의 직업을 찾는 것은 질문하긴 쉽지만 그리 간단치 않은 문제이지요. 하지만 아주 중요한 일이에요. 나의 꿈이 정해지면, 그 꿈을 목표로 하루하루의 삶이 달라지니까요.

그럼 어떻게 답을 찾아 나가면 좋을까요?

무엇보다 다양한 직업의 세계에 대해 정확하고 풍부하게 알아야 해요. 세상에는 수많은 직업이 있지만, 실제로 우리가 알고 있는 직업은 생각보다 많지 않거든요. 또 이미 알고 있는 직업도 구체적으로 무슨 일을 어떻게 하는지 잘 모르는 경우가 많답니다.

《어린이 지식ⓔ 직업 멘토》는 다양하고 생생한 직업의 세계로 안내하는 '직업 내비게이터'가 되어 줄 거예요. 각 분야에서 최선을 다하고 열정을 쏟아 자신의 꿈을 이룬 직업인들이 친절한 멘토가 되어 우리가 잘 모르는 직업 이야기를 들려주기 때문이지요. 직업 멘토들은 그 일을 어떻게 시작하게 되었는지, 무엇을 준비해야 꿈을 이루고 성공할 수 있는지, 그 일을 할 때 어렵고 힘든 점은 무엇인지, 또 어떤 기쁨과 보람을 느끼며 일하는지 등 우리가 몰랐던 흥미진진한 직업의 세계에 빠져들게 해 줄 거예요.

또한 《어린이 지식ⓔ 직업 멘토》에서는 빠르게 변화하는 사회의 흐름에 발맞추어 새롭게 주목받을 미래의 유망 직업에 대해서도 알려 주어요. 패션 예측가, 공정 여행가, 다문화 코디네이터, 날씨 경영 컨설턴트 등 지금은 낯설지만 앞으로 도전하면 좋은 직업에는 무엇이 있는지, 또 그 직업을 가지려면 어떻게 해야 하는지를 소개하고 있답니다.

내가 원하는 직업에 대해 좀더 자세히 알고 싶을 때, 그리고 관련 직업에 대해 궁금증이 생길 때에는 〈지식ⓔ 궁금해〉 코너를 살펴보세요. 내가 꿈꾸는 직업인이 되려면 구체적으로 무엇을 어떻게 준비해야 하는지, 또 내가 원하는 분야와 연관된 직업에는 무엇이 있는지를 알기 쉽게 핵심만 쏙쏙 모아 놓았으니까요.

《어린이 지식ⓔ 직업 멘토》'서비스' 편에서는 가수, 개그맨, 여행 작가, 요리사, 마술사, 플로리스트 등 사람들을 편안하고 즐겁고 행복하게 만들어 주면서, 나도 함께 행복해질 수 있는 직업을 보여 줍니다. 프란치스코 교황, 비틀스, 유재석, 토니 휠러, 요네하라 마리, 코리 리, 최현우, 비달 사순 등 우리가 좋아하고 닮고 싶어 하는 멘토들의 이야기를 따라가다 보면 어느새 나의 꿈에 한 발짝 더 가까이 다가가 있을 거예요. 지금까지 전혀 관심이 없던 직업에 새로운 흥미를 느낄 수도 있고요. 자, 나의 꿈 나의 직업을 찾아 신나는 여행을 떠나 볼까요?

차례

머리말 │ 배려와 서비스 정신으로 빛나는 직업 멘토와 함께
나의 꿈, 나의 직업을 찾아보아요

※ 직업에 관한 이해를 돕기 위해 가상 인물로 소개했어요.

1부

평화로운 세상,
행복한 사람들

사람과 사람 사이를 이어 주는 다리

성직자 **프란치스코 교황**

★ **사랑과 봉사와 자비로 모든 이의 친구가 된다**

세상의 가장 높은 곳에 있되, 세상의 가장 낮은 곳으로 다가가
많은 사람에게 진정한 위로와 사랑을 전하는 프란치스코 교황.
그의 삶 속에서 참된 성직자의 모습을 만나 보자.

세상 사람들의 예상을 뒤엎고
제266대 교황으로 선출된
아르헨티나 출신의 프란치스코 교황.

1,282년 만의 비유럽 출신 교황인 그는
전 세계 페이스북에서 가장 많이 언급된 인물 1위이자
미국《타임》지가 선정한 2013년 '올해의 인물'이다.

비유럽: 유럽을 제외한 지역.

전 세계 천주교회를 이끄는 최고 지도자이자
사회적으로도 커다란 영향을 끼치는 인물
프란치스코 교황.

그가
로마 근교의 한 소년원을 찾아가
차디찬 바닥에 무릎을 꿇었다.

소년원: 범죄를 저지른 19세
미만의 청소년을 수용하는 시설.

왜 교황은 무릎을 꿇은 것일까?

 누군가에게 진정으로 위로 받고 싶어 신을 떠올린 적이 있나요?

무릎을 꿇고 앉은
프란치스코 교황은
소년원 아이들 열두 명의 발을
하나하나 정성스레 씻겼다.
그리고 그 발에
입을 맞추었다.

예수님이 십자가에 못 박히기 전
최후의 만찬에 앞서
열두 제자의 발을 씻겨 준 것을 본받아
세족식을 치른 것.

세족식: 성목요일 저녁 미사 때,
열두 명의 어른이나 어린이를
뽑아 발을 씻겨 주는 의식.

그런데 아이들 중에는
소녀와 이슬람교도가 있었다.

남자에게만 세족식을 거행하는
천주교의 관례를 깨 버린,
2천 년 천주교 역사상
처음 있는
놀라운 사건이었다.

세족식을 마친 후 교황은 말했다.

"무슨 일이 있어도
희망을 도둑맞지 마세요!"

교황은
말 그대로
다리를 놓는 사람.

★
★★ 교황을 가리키는 '폰테피체
(pontéfice)'라는 말은 '다리를
놓는 사람'이라는 뜻이다.

신과 인간 사이의 다리
자연과 인간 사이의 다리
인간과 인간 사이의 다리를
놓는 사람이다.

프란치스코 교황은
화려한 권위의 옷을 벗어던지고
몸소 낮고 검소한 삶을 실천하며
세상과 세상을 잇는 다리가 되었다.

권위: 사회적으로 인정을 받고
영향력을 끼칠 수 있는 위엄.

탱고와 축구를 좋아하는 보통 사람
프란치스코 교황.

바티칸의 넓은 교황 궁 대신
사제들과 함께 소박한 집에서 지내고,
순금 십자가 대신
빛바랜 은제 십자가를 가슴에 걸고,
고급 승용차 대신
낡고 작은 자동차를 타거나
버스와 지하철로 다닌다.

그는 기꺼이
높은 자리에서 내려와
모든 이의 친구가 되어 준 것이다.

"가장 가난하고,
가장 힘없고,
가장 보잘것없는 사람들을
우리는 사랑과 봉사로
부드럽게 끌어안아야 합니다."

프란치스코 교황의 이 말은
모든 종교가 말하는
첫 번째 가르침.

성직자는
가난하고 소외된 이들을 보살피며
세상에 진정한 위로와
마음의 평화를 주어야 한다.

세상의 낮은 곳으로 다가가
아픔과 슬픔을 어루만지며
용기와 희망을 갖게 하고,
세상의 폭력과 차별과 불의에 맞서며
자비와 사랑을 실천하는 삶.

천주교의 신부든
개신교의 목사든
불교의 승려든
모든 성직자가
걸어가야 할 길이다.

이탈리아의 람페두사 섬 앞바다에서
아프리카 난민들이 구조를 요청할 때,
그곳으로 달려가
그들과 함께 기도하며
도움의 손길을 내밀었던 교황.

난민: 전쟁이나 재난 등으로
힘들고 어려운 상황에 빠진 사람.

77세 생일을 맞이한 날 아침,
교황청 근처 거리에서 잠자던
노숙자들을 초대하여
그들과 함께 생일상을 받았던 교황.

내전: 한 나라 안에서 일어나는 싸움.

시리아에 내전이 벌어져
죄 없는 사람들이 목숨을 잃어 갈 때,
10만여 명의 신도들과 철야 기도회를 열어
대대적인 폭격을 막아 냈던 교황.

철야 기도회: 밤새 잠을 자지
않고 기도를 드리는 모임.

세상 사람들의 생명을 구하고
평화와 행복을 지키는 것.

그것은
종교와 성직자가 해야 할
가장 중요한 일이다.

그래서 우리는
성직자를 일러
'세상의 빛과 소금'이라
한다.

존경받는 성직자에는 누가 있을까요?

＊ 달라이 라마

티베트 불교의 정신적 지도자이자, 티베트 국민들을 이끌어 나가는 실질적인 통치자예요. 중국 공산당이 티베트를 지배하자 인도로 망명했어요. 그는 고통스런 망명 생활 중에도 티베트 문화의 보존과 독립을 위해 애썼지요. 이런 그의 노력이 널리 알려져 노벨 평화상을 받았어요.

＊ 김수환 추기경

가톨릭 성직자로, 우리나라 최초의 추기경이에요. 평생 하느님의 가르침에 따라 봉사하는 교회, 자유롭고 평화로운 삶을 만들어 나가기 위해 노력했어요. 고통과 위기에 처한 사람들은 누구든 그를 찾아가 위로를 받고 해답을 얻었지요. 그래서 그를 가리켜 '우리 시대의 큰 스승'이라 불러요.

성직자에게 필요한 자질은 무엇일까요?

성직자는 예배와 미사, 예불과 같은 종교 의식을 이끌고, 설교를 통해 신자들을 정신적으로 지도하는 사람이에요. 따라서 종교의 교리를 잘 이해하고, 그것을 신자들에게 전달할 수 있는 능력이 필요해요. 또 서로 다른 종교를 열린 마음으로 받아들이며, 늘 다른 사람들을 위해 봉사하고 희생하는 마음가짐을 갖춰야 하지요. 해외에 나가 선교 활동을 펼치기도 하므로 외국어 실력을 쌓으면 좋답니다.

다른 사람을 위해 봉사하는 직업이 궁금하다고요?

✳ 사회 복지사

사회 복지사는 경제적, 사회적, 정신적으로 어려움을 겪는 노인이나 장애인, 여성, 청소년 등을 위해 일해요. 복지 기관이나 생활 시설에서 직접 상담하거나 도와주기도 하고, 자원봉사자를 효과적으로 활용할 수 있는 프로그램을 개발하기도 해요.

✳ 소방관

소방관은 화재 현장으로 달려가 불을 끄고 사람들을 구해 주거나 태풍과 홍수, 가스 폭발 등으로 사고가 터졌을 때에도 구조 활동을 벌여요. 급하게 치료가 필요한 환자를 병원으로 옮겨 주고, 가뭄이 들어 물이 부족할 때에는 소방차를 이용해 물을 공급하는 봉사 활동도 해요.

✳ 국제 구호 활동가

국제 구호 활동가는 전쟁, 지진, 태풍 등이 일어난 사고 현장이나 가난과 질병으로 힘들어하는 세계 여러 나라에 가서 그곳 사람들을 도와줘요. 다른 나라에 가서 일해야 하기 때문에 영어를 비롯해 외국어를 잘해야 하고, 몸도 튼튼해야 한답니다. 의사나 교사, 영양사같이 전문적인 교육을 받은 사람이면 더욱 좋지요.

✳ 간호사

간호사는 의사를 도와 병에 걸리거나 다친 사람들이 빨리 나을 수 있도록 돌봐 줘요. 환자와 환자 가족에게 치료 과정을 자세히 설명하고, 마음 편히 치료받을 수 있도록 따뜻하게 보살피지요.

02 꿈과 희망을 노래하는 시인

👤 가수 **비틀스**

★ 나의 삶, 나의 이야기를 노래한다

음악을 사랑하고 노래 부르기를 좋아하는 사람이라면
누구나 한 번쯤 꿈꿔 보는 가수. 음악으로 세상 사람들을
행복하게도, 슬프게도 만드는 가수는 참 매력적이다.
많은 이들이 꿈꾸는 가수가 되려면 어떻게 해야 할까?

햇살 가득한 어느 날,
영국 리버풀의 한 교회에서
축제가 열렸다.

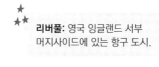

리버풀: 영국 잉글랜드 서부
머지사이드에 있는 항구 도시.

이 동네 고등학교 록 밴드 '쿼리맨'의
신나는 공연에 박수갈채가 쏟아졌다.

쿼리맨(Quarrymen): 존 레논이
다니던 쿼리뱅크 고등학교의
이름을 따서 만든 밴드.

공연이 끝나자
한 소년이 쿼리맨의 리더에게 다가갔다.

"내 기타 연주 한번 들어 보지 않을래?"

소년의 기타 실력은 대단했다.
쿼리맨의 리더는 활짝 웃으며 손을 내밀었다.

"너, 우리 밴드에 들어오지 않을래?"

 가장 좋아하는 가수는 누구인가요? 왜 좋아하나요?

두 소년의 이름은
존 레논과 폴 매카트니.

이들의 만남은
훗날
'비틀스'라는 세기의 밴드가
탄생하는
역사적인 사건이었다.

비틀스(Beatles): 존 레논이 만든 밴드 이름. 딱정벌레(beetle)의 철자를, 박자를 뜻하는 비트(beat)로 바꾸어 만들었다.

존 레논과 폴 매카트니에 이어
조지 해리슨과 링고 스타까지 모이면서
리버풀의 더벅머리 소년 넷은
정식 록 밴드로 음악 활동을 시작한다.

밴드 이름은 '비틀스'.
이들의 등장은
20세기 전 세계를 뒤흔든 사건 중 하나였다.

이후
대중음악 역사상 가장 많은 음반을 판매한 가수,
빌보드 차트 1위 곡을 가장 많이 가진 뮤지션 등
수많은 기록을 세우며
가장 성공적인 밴드로
음악계의 신화가 된 비틀스.

★★
★★ **뮤지션:** 음악을 창작하는 작곡가를
일컫거나, 음악을 연주하여 재현하
는 사람을 말한다.

8년이라는 짧은 기간만 활동했지만
그들은 대중음악의 모든 것을 바꿔 놓았고,
세상은 그들의 노래로
그 전과는 다른 세상이 되었다.

그러나
비틀스의 신화가
처음부터 쉽게 쓰인 건 아니다.

무명 시절
함부르크와 리버풀의 작은 클럽 무대에서

함부르크: 독일 북부에
있는 항구 도시.

저녁마다 오랜 시간 연주하며
대중에게 다가갈 수 있는
연주 실력을 쌓아야 했고

또 첫 음반을 내기까지
수십 군데 음반사로부터
거절당하는 수모를 겪으면서도

수모: 모욕을 받거나
창피를 당하는 것.

음악에 대한 열정과 자신감을
잃지 않아야 했다.

그들 모두 악보를 볼 줄 몰랐고,
제대로 된 음악 교육을 받아 본 적도 없었다.

아름답고 새로운 멜로디가 떠오르면
기타를 치며 입으로 흥얼거렸고,
그걸 녹음했다가
함께 모여 연주하고 노래했다.

비틀스는
자신들이 직접 만든 곡을 노래했다.
그것은 바로
자신들의 이야기이자
삶 자체였다.

가수는 세상 사람들과
노래로 대화하는 사람이다.

자기 삶의 이야기와
세상에 대한 솔직한 생각을
자신의 목소리와 멜로디에 실어
사람들에게 말을 건넨다.

용기를 잃고 지친 이들의 어깨를
토닥여 주는 〈렛 잇 비〉,
사랑을 무기로 음악과 평화를
되찾아야 한다는 〈옐로 서브마린〉,
전쟁 없는 평화로운 세상을
꿈꾸는 〈이매진〉 등
비틀스는 언제나 사랑과 평화를 노래했다.

〈렛 잇 비(let it be)〉: '내버려 두세요'라는
뜻으로, 이 곡은 어떤 어려움이 닥치더라도
당황하거나 불안해하지 말고 그냥
자연스럽게 내버려 두라고 노래한다.

〈옐로 서브마린(yellow submarine)〉:
'노란 잠수함'이란 뜻의 이 곡은 비틀스가
페퍼랜드 사람들과 힘을 합쳐 악당들을
물리치는 내용을 담았다.

〈이매진(imagine)〉: '상상해 보세
요'라는 뜻으로, 존 레논이 남긴
가장 유명한 곡이다.

가수는
자기 안에 떠오른 영감과 상상력,
감정의 다채로운 풍경을
음악이라는 스케치북에 그려 낸다.

어린 시절 친구들과 놀던 추억,
세상을 떠난 어머니에 대한 그리움,
가슴속을 떠다니는 슬픔과 기쁨의 물결,
작은 풀잎에서 드넓은 우주를 발견하는 상상력…….

자신의 삶으로
세상에 하나뿐인 음악을 만들고
그것을 노래로 부르는 가수.

우리는
가수의 참모습을
비틀스에게서 발견한다.

가수는 시대의 공기를 숨 쉬며,
시대의 정신을 노래에 담아낸다.

비틀스는
그 시절 젊은이들과 함께
고민하고 아파하고 즐거워하며
음악을 만들었다.
함께 평화로운 세상을 만드는 꿈을 꾸었고,
사랑만이 진정한 해결책이라고 노래했다.

비틀스는
사람들과 슬픔과 기쁨을 나누고,
꿈과 희망을 노래한
진정한 뮤지션이었다.

비틀스는 마침내 신화가 되었다.

지금도 비틀스의 노래는
세계 곳곳에서 끊임없이 울려 퍼지고 있다.

세계적인 인기를 누렸던 록 밴드의 전설, 비틀스

존 레논, 폴 매카트니, 조지 해리슨, 링고 스타로 구성된 4인조 록 밴드 비틀스는 뛰어난 음악성과 대중성으로 세계적인 인기를 누렸어요. 1963년에 발표한 〈플리즈 플리즈 미〉를 시작으로 앨범을 낼 때마다 빅 히트를 치며 전 세계 음악 팬들을 사로잡았지요. 비틀스는 영국에서 활동을 시작했지만, 유럽을 뛰어넘어 미국과 아시아에까지 뻗어 나갔어요. 그들은 영국을 전 세계에 널리 알린 공로로 대영 제국 훈장을 받았답니다.

가수가 되고 싶다고요?

탄탄한 노래 실력은 기본이고, 춤도 잘 추고 악기도 다룰 줄 알면 좋아요. 해외에서 활동하려면 외국어도 잘해야 하지요. 고등학교나 대학교에서 대중음악이나 실용 음악을 체계적으로 공부하면 도움이 많이 되지만, 그렇다고 특별한 학력이 필요한 건 아니에요. 음악 실력을 갖춘 후 각종 가요제에 입상을 하거나 음반 기획사의 오디션을 통과하면 누구든 가수가 될 수 있답니다. 연예 기획사의 연습생으로 뽑히면 몇 년 동안 노래와 춤을 전문적으로 배울 수 있지요.

가수와 관련된 직업이 궁금하다고요?

✳ 음반 기획자

음악이 담긴 앨범을 음반이라고 하는데, 이 음반에 어떤 음악을 넣을지부터 시작해 가수 선정과 녹음 작업, 판매와 홍보 등에 이르기까지 음반 제작에 관한 모든 일을 맡아 해요. 음반 기획자는 작곡가와 가수, 음악 프로듀서, 뮤직 비디오 감독, 디자이너 등 여러 사람과 함께 일해야 하기 때문에 리더십과 설득력, 추진력이 필요해요.

✳ 세션맨

세션맨은 가수가 녹음을 하거나 공연을 할 때 반주하는 일을 해요. 연주 실력이 뛰어나야 하므로 음악 대학이나 전문학교 등에서 교육을 받는 것이 좋아요. 또 여러 사람과 함께 연주해야 하니까 의사소통 능력이 중요해요.

✳ 리코딩 디렉터

리코딩 디렉터는 곡 선정부터 가수와 연주자, 편곡자 등을 정하는 것까지 녹음하는 음악의 특징과 방향을 결정해요. 음악에 대한 전문 지식을 갖춰야 하기 때문에 음악 대학이나 전문학교에서 교육을 받는 것이 일반적이에요. 보통 음반 제작 회사에 소속되어 일하는 경우가 많아요.

✳ 콘서트 프로듀서

콘서트 프로듀서는 가수와 연주자, 오케스트라 등의 콘서트 전체를 준비하고 진행해요. 콘서트의 규모와 내용, 장소 등을 바탕으로 예산을 짜고, 무대 감독을 비롯해 음향과 조명 담당자 등을 정하지요. 음악 지식은 물론, 다른 사람들과 원활하게 소통할 수 있는 커뮤니케이션 능력이 필요해요.

03 신나는 세상을 만드는 웃음 사냥꾼

개그맨 **유재석**

★ 나부터 신나고 즐겁게 웃을 줄 알아야 한다

톡톡 튀는 아이디어와 재미난 말솜씨로
항상 새로운 웃음, 최고의 즐거움을 주는 개그맨.
그들은 우리에게 웃음을 주기 위해 어떤 노력을 기울일까?
대한민국을 웃음으로 뒤흔드는 예능 일인자,
개그맨 유재석에게 그 비결을 알아보자.

풋풋한 스무 살 청년.

힘겨운 하루에 몸은 고단했지만
오늘 밤도 불안한 잠자리에 누워
자꾸만 몸을 뒤척인다.

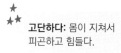

고단하다: 몸이 지쳐서
피곤하고 힘들다.

두 눈을 감아도 잠은 통 오지 않고
돌덩이를 올려놓은 듯
가슴은 답답하고 무겁기만 하다.

'난 왜 안 되지?
왜 난 안 되지?'
입속으로
되뇌고, 되뇌고, 되뇌어 본다.

그는
무엇 때문에 잠 못 이루는 걸까?

 가장 좋아하는 개그맨은 누구인가요? 왜 마음에 드나요?

개그맨으로 데뷔한 지
2년 만에 겨우 출연하게 된 방송.

청년이 맡은 역할은
국회 의원 보좌관.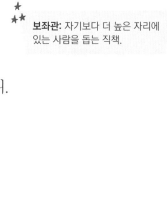
그가 할 대사는 단 두 마디.
"견인됐습니다."
"서류에 있습니다."

보좌관: 자기보다 더 높은 자리에
있는 사람을 돕는 직책.

그는 밤잠을 설쳐 가며
단 두 마디뿐인 대사를
외우고, 또 외웠고
연습하고, 또 연습했다.

"큐!"
드디어 피디가 외쳤다.
무대에 오른 청년이 대사를 해야 할 차례.

그런데 순간, 머릿속이 하얘졌다.
단 두 마디뿐인 대사가 어디로 사라졌는지
도무지 생각나지 않았다.

NG!
NG!
또 NG!

대사를 틀리다 못해
입도 뻥끗 못 하는 청년을 향해
피디는 한심하다는 표정으로 말했다.

피디: 프로듀서의 줄임말. 연극이나
영화, 방송 등에서 프로그램 제작에
관련된 모든 일을 책임지는 사람.

"유재석 씨 부분은 빼고 가겠습니다."

NG(엔지): 녹음이나
녹화에 실패하는 일.

신인 개그맨 유재석은
그 후 6개월간 방송에 나갈 수 없었다.

재치 넘치는 말과 재미난 이야기,
익살스런 몸동작으로
많은 사람을 웃게 만드는 개그맨.

한바탕 웃음으로 스트레스를 풀어 주고
행복 바이러스를 퍼뜨리는 개그맨.

하지만 그 웃음이
쉽게 만들어지는 건 아니다.

많은 개그맨이 짧게든 길게든
이름 없이 활동하는 무명 시절을 거친다.
처음부터 이름을 날리며 유명 개그맨으로
인기를 끄는 사람은 손에 꼽을 정도다.

지금은 온 국민의 사랑을 받는
개그맨 유재석도 한때는
기나긴 무명의 터널 속에 갇혀 있었다.
7년 세월 동안
카메라 울렁증과 무대 공포증이
늘 그를 따라다니며 괴롭혔다.

"평소엔 전혀 안 하던 기도를
그때는 매일 밤 했어요.
한 번만, 제발 한 번만
기회를 달라고
간절히 기도했지요."

그 간절한 기도는 어떻게 이루어졌을까?

그는 처음부터 다시 생각해 보았다.

그리고 자기 자신에게 끝없이 질문을 던졌다.

무엇이 문제일까?

무엇을 착각하며 살아온 걸까?

울렁증에서 벗어나지 못하는 까닭은 무얼까?

"스스로를 돌아보면서

정말 많이 울었고

정말 많이 반성했어요.

문제는 역시

나만 생각했던 것이었어요.

내 머릿속엔 오로지

내가 주인공이 되어야 한다는

생각밖에 없었거든요."

폭탄 맞은 역할이 주어지면
부스스하게 폭탄 머리를 하고
시커멓게 검댕 분장을 하고
옷도 갈기갈기 찢어 입어야 하는데,
어떻게 하면 얼굴이 깨끗하게 나올까
어떻게 하면 머리가 단정하게 나올까만 신경 썼다.

검댕: 그을음이나 연기가 엉겨 생기는, 검은 물질.

또 개그는 혼자 하는 게 아닌데도
다른 사람이야 어떻든 간에
일단 내가 튀어야 한다는 생각에 꽉 차 있었다.
그런 편협한 생각에 빠져 있으니
자꾸 긴장하고 울렁거렸던 것이다.

편협하다: 생각이 넓지 못하고, 한쪽으로 치우쳐 있다.

내가 즐겁고 행복하지 않은데
어떻게 남을 웃길 수 있을까?

개그맨은 사람들에게 웃음을 주면서도
스스로 웃을 줄 알아야 하는 사람이다.

오랫동안 실패의 쓴맛을
보약처럼 마신 덕분일까.

그는 어떤 역할이 주어져도
어떤 프로그램이 맡겨져도
매 순간 최선을 다해
사람들에게 편안한 웃음을
주기 위해 노력한다.

이제 유재석은 말한다.
"사람들에게 웃음을 주면 줄수록
나도 점점 더 행복해진다."

한 시상식에서
텔레비전 부문 대상을 수상한 그에게
기자가 물었다.

"어떤 유재석으로 기억되고 싶나요?"

"그냥 '쟤, 진짜 열심히 했어.
최선을 다했어'란 평가죠.
재밌다, 즐겁다는 얘길 들으면
더 바랄 게 없고요."

뜨거운 열정으로
웃음을 선물해 주는 개그맨.
그들이 있어
오늘도 우리는 웃는다.

개그맨은 어떤 활동을 할까요?

개그맨은 기발하고 재미난 아이디어로 개그 작품을 만들어서 열심히 연습한 후 관객에게 선보여요. 주로 텔레비전과 라디오 프로그램에 출연하거나 무대에 올라 공연을 하지요. 또 다양한 행사를 진행하기도 한답니다.

 요즘에는 재능 있는 개그맨들이 많아서 가수처럼 음반을 내거나 연기를 하는 등 만능 엔터테이너로 활동하기도 해요.

개그맨에게 필요한 자질은 무엇일까요?

보통 배우나 탤런트는 작가가 쓴 대본에 따라 연기하지만, 개그맨은 직접 아이디어를 짜고 대본을 만들어서 연기하는 경우가 많아요. 따라서 새로운 아이디어를 만들어 낼 수 있는 창의력이 필요하고, 매번 아이디어를 생각해 내야 한다는 스트레스를 견딜 수 있어야 하지요. 사람들을 웃게 할수 있는 재능이 있어야 하고, 연기에 대한 노력과 열정도 필요해요.

개그맨이 되고 싶다고요?

개그맨이 되는 데 학력의 제한은 없어요. 하지만 연극이나 영화 관련 학과에서 체계적인 교육을 받으면 도움이 되지요. 개그 극단에 들어가서 연기력을 쌓고 아이디어 짜는 법을 배울 수도 있어요. 개그맨이 되는 가장 빠른 길은 방송국의 공채 개그맨 시험에 붙는 것이지만, 시험에 붙은 후에도 끊임없이 노력해야 훌륭한 개그맨이 될 수 있답니다.

대중문화와 관련된 직업이 궁금하다고요?

* 탤런트

탤런트는 원래 '재능'이나 '재주 많은 사람'이란 말이에요. 하지만 방송 용어로 쓰이면서 텔레비전 연기자를 가리키게 되었답니다. 탤런트는 무엇보다 자신의 역할을 자연스럽게 해낼 수 있는 연기력을 갖춰야 하지요. 학교나 학원에서 연기 공부를 하면 탤런트로 데뷔하거나 활동하는 데 도움이 된답니다.

* MC

MC는 방송 매체에서 건강이나 문화 등 교양 프로그램과 연예 프로그램, 공개 쇼 등을 진행하는 일을 해요. 각종 정보를 재미있고 유익하게 전달하면서 프로그램을 편안하게 진행해야 하기 때문에 폭넓은 교양과 지식을 갖춰야 하지요. 애드리브(대본 없이 즉석에서 하는 대사 또는 연기)가 필요한 상황이 자주 벌어지므로 순간 대처 능력과 재치 있는 말솜씨가 필요하답니다.

* 예능 피디

예능 피디는 음악, 오락, 쇼 프로그램 등 방송 매체를 통해 재미와 웃음을 주는 예능 프로그램을 기획하고 진행해요. 사람들이 흥미로워하는 주제를 찾아내 프로그램 내용을 구상하고, 작가와 협의하여 대본을 짜지요. 또 출연자를 섭외하여 촬영한 후 편집해서 한 편의 프로그램을 만들어야 한답니다.

2부

재미난 세상,
활기찬 사람들

04 길 떠나는 이를 위한 부지런한 안내자

🧍 여행 작가 **토니 휠러**

★ 보고 듣고 맛보고 느낀 것을 빠르고 정확하게 쓴다

여행지에서 체험한 모든 것을 세상 사람들에게 전하는 여행 작가.
그들은 낯선 길 위에서 여행만이 줄 수 있는 기쁨과 삶의 의미를 발견한다.
전 세계 여행자들이 꼭 들고 간다는 여행 안내서 《론리 플래닛》.
이 책을 쓴 세계적인 여행 작가 토니 휠러를 만나 보자.

런던 비즈니스 스쿨을 갓 졸업한
스물여섯 살의 취업 준비생.
그에게 두 가지 선택지가 놓였다.

포드 자동차 회사에 입사할 것인가?
아니면
단돈 65파운드짜리 고물 차를 끌고
세계 여행에 도전할 것인가?

포드: 1903년 헨리 포드가 세운 미국의 자동차 회사로, 오랜 역사를 자랑하는 세계적인 기업이다.

파운드: 영국의 화폐 단위로, 1파운드는 우리나라 돈으로 1,750원 정도 된다.

그는 고민에 싸인 채 중얼거렸다.

"나의 꿈이 과연
'아홉 시 출근, 다섯 시 퇴근' 인생일까?
새로운 세계를 탐험하는 것일까?"

안정된 직장과 불안한 도전.
그 사이에서
그는 생각에 생각을 거듭했다.

 여행한 곳 중에 가장 기억에 남는 곳은 어디인가요?

마침내 그는 안정된 직장을 포기하고

1년간 세계 여행을 떠나기로 결심한다.

털털거리는 중고차 한 대

배낭 두 개

낡은 텐트

슬리핑백

취사도구

음식 상자

책과 지도

★★ **여행자 수표:** 여행하는
사람들이 외국에서 현금
대신 쓸 수 있는 수표.

그리고

400파운드짜리 여행자 수표.

그의 여행 준비물은 초라할 만큼 간단했다.

하지만 그의 곁엔 스물두 살의 예쁜 신부가 있었다.

그는 어린 아내와 함께
런던을 시작으로
터키, 이란, 아프가니스탄에 이르렀다.
그리고 그곳에서 자동차를 판 다음
버스와 기차, 배를 타거나
히치하이크를 하며
인도, 인도네시아를 거쳐
오스트레일리아에 도착했다.

★
★★ **히치하이크**: 지나가는
자동차를 얻어 타는 일.

그때 그들에게 남은 건
동전 27센트와 카메라 하나.

★
★★ **센트**: 1달러의 100분의
1로, 1센트는 우리나라
돈으로 12원 정도 된다.

그들의 세계 여행은 무모했지만,
다채롭고 짜릿한 모험으로 가득했다.
넉넉하고 값비싼 여행이 아니었기에
더 특별하고, 더 기억에 남는 여행을 할 수 있었다.

★
★★ **무모하다**: 앞뒤를 잘
헤아려 생각하지 않다.

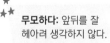

그때껏 값비싼 패키지여행에만 익숙했던 사람들에게
젊은 부부의 여행 모험담은 신기하기만 했다.

"그 돈으로 유럽과 아시아를 다 여행했단 말이에요?"
"그 먼 거리를 자동차로 여행한 거예요?"
"정말 히치하이크로 태국에 갈 수 있나요?"
"뉴스에서 보던 대로 아프가니스탄이 위험하던가요?"

만나는 사람마다 비슷한 질문을 쏟아 냈고
그들은 똑같이 대답하느라 바빴다.
그러다 문득 아이디어가 떠올랐다.

패키지여행: 여행사가 짠 일정에
따라 움직이는 단체 여행. 미리 계획
한 관광 일정에 따라 교통편과 숙박
시설 등을 미리 정해 놓고 여행한다.

'이런 생생한 여행 정보를
글로 써서 책으로 만들면 어떨까?'

그는 아내와 함께 부엌 식탁에 앉아
여행기를 쓰기 시작했다.
그동안 여행한 국가의 지도를 만들고
그림까지 직접 그려 넣었다.
그리고 생활비를 탈탈 털어
인쇄하고 제본해서
오직 그들만이 만들 수 있는
독특한 여행 안내서를 탄생시켰다.

> **제본:** 인쇄한 종이를 하나로 묶어
> 책 형태로 만들어 내는 일.

역시 독자들의 반응은 뜨거웠다!

동네 서점에 책을 진열한 첫날,
하루가 가기 전에 수백 부가 팔려 나갔다.
그는 곧 다시 책을 찍었고,
이번엔 수천 부가 독자들 손에 쥐어졌다.

> **론리 플래닛(lonely planet):**
> 토니 휠러가 직접 지은 여행
> 안내서 제목으로, '외로운 행성'
> 이란 뜻이다.

이 책이 바로 오늘날 전 세계 여행자들이
가장 많이 들고 다니는《론리 플래닛》.
이 여행 안내서를 만든 주인공이
여행 작가 토니 휠러다.

무엇을 타고 가야 할까?
잠은 어디서 자면 좋을까?
돈이 없을 때
끼니는 어떻게 해결하면 될까?
꼭 가 봐야 할 곳은 어디일까?

여행 작가는
여행자들이 실제로 부딪치는
어려움과 궁금증을 풀어 주는
부지런한 안내자이다.

여행 작가 토니 휠러는
되도록 적은 경비로
되도록 멋진 여행을 할 수 있도록
세계 곳곳을 다니며
모든 것을 직접 체험했다.

버스와 기차를 타 보고
침대가 푹신한지 누워 보고
커피와 음식이 맛있는지 먹어 보며
그 느낌과 정보를 꼼꼼히 정리하고
글로 써서 책에 담았다.

또 빠르게 개정판을 내서
새롭게 달라진 정보를
신속하고 정확하게 제공했다.

개정판: 이미 출판한 책의
내용을 고치거나 보완해서
다시 출판한 책.

토니 휠러가
훌륭한 여행 작가가 될 수 있었던
또 하나의 비결은
여행에 대한 뜨거운 열정.

처음부터 그는
사람들이 많이 가지 않는,
그래서 힘들고 낯설지만
오히려 매력적인
새로운 여행지를 개척했다.

에스토니아와 중앙아시아,
남태평양의 통가, 북극 등에
가고 싶은 사람이라면
그가 만든 여행 책《론리 플래닛》을
읽지 않으면 안 된다.

"여행은 늘 사람에게
새로운 길을 열어 준다.
다른 문화를 이해하고
서로 돕는 것이다.
나에게 여행이란 사람을 만나는 것이다."

토니 휠러에게 사람들은 묻는다.
"그동안 여행을 다닌 곳 중에
가장 좋았던 곳은 어디인가요?"

그는 대답한다.
그곳은 바로

라운지: 호텔이나 극장,
공항 등에서 잠시 쉬어
갈 수 있는 곳.

"새로운 세계로 떠나는
공항의 탑승 라운지예요."

길 위에서 행복과 삶의 의미를 찾는 토니 휠러.
그는 지금까지 100개가 넘는 나라를 여행했고
지금도 변함없이 한 해의 절반 이상을
길 위에서 보내고 있다.

가장 유명한 여행 책 《론리 플래닛》

《론리 플래닛》은 "여행지에 대한 정보가 많으면 많을수록 여행이 즐거워진다."는 토니 휠러의 철학을 담고 있어요. 그래서 여행지에 대한 정보뿐만 아니라 역사와 문화, 정치, 종교, 예술 등을 폭넓게 다루지요. 지금까지 《론리 플래닛》은 22개 시리즈 650여 종이 나왔고, 17개 언어로 번역되어 전 세계 여행자들에게 사랑을 받고 있답니다.

여행 작가가 되고 싶다고요?

여행 작가는 세계 각지를 여행하면서 체험하고 관찰한 것을 솔직하고 정확하게 기록해서 사람들에게 전하는 일을 해요. 따라서 세심하고 꼼꼼하게 세상을 바라보는 관찰력, 보고 느낀 것을 실감 나게 표현하는 문장력, 튼튼한 체력과 부지런함이 필요하지요. 이런 능력을 쌓았다면 누구라도 좋은 여행 작가가 될 수 있답니다. 여행 작가가 되는 가장 좋은 방법은 블로그나 페이스북 등을 활용해 자신의 여행 이야기를 많은 사람에게 알리는 것이에요. 글이 재미있거나 사진이 훌륭하거나 주제가 흥미로우면 방문자가 늘어나고, 점점 입소문이 나면서 출판사가 먼저 출간을 제안해 오는 경우가 많거든요. 또 글쓰기와 사진 찍기, 취재 방법 등을 배울 수 있는 강좌에 참여하면 여행 작가가 되는 데 도움이 되지요.

여행과 관련된 직업이 궁금하다고요?

★ 여행 상품 개발자

여행 상품 개발자는 잘 알려지지 않은 여행지를 찾아내 직접 그곳에 가서 조사한 다음, 그것을 새로운 여행 상품으로 만들어요. 여러 상황을 고려해서 여행 계획을 세우고 교통수단과 여행 경비, 관광 명소, 숙박 시설 등에 대한 정보를 수집하지요. 이를 바탕으로 여행 코스와 일정을 짜서 사람들이 즐겁게 여행할 수 있도록 도와준답니다.

★ 취재 코디네이터

취재 코디네이터는 방송사, 광고사, 언론사에서 취재나 촬영을 하러 갈 때 촬영 장소와 취재 대상 등을 미리 알아보거나 촬영 기간과 제작비를 조정해 주는 일을 해요. 현지 사람들과 문제 없이 소통할 수 있도록 통역을 맡기도 하지요. 외국어를 잘하고 대인 관계가 좋은 사람에게 알맞은 일이에요.

★ 해외 생활 컨설턴트

해외 생활 컨설턴트는 해외에 나가 오랫동안 머물거나, 아예 그곳에서 살려고 하는 사람들이 불편함 없이 생활할 수 있도록 도와줘요. 무엇보다 외국어를 잘해야 하는데, 영어 이외의 언어를 사용하는 국가도 상대해야 하므로 두세 개 정도의 외국어를 할 줄 알아야 해요. 외국 생활을 오래 했거나 다양한 해외여행 경험이 있으면 좋지요.

05 화려한 무대 뒤의 숨은 주인공

👤 국제회의 기획자 **정마루***

★ 기획부터 진행까지 뜨거운 열정으로 해낸다

전 세계가 하나의 지구촌으로 이어져 있는 국제화 시대.
그 어느 때보다 국가 간의 소통이 중요해졌다.
국제화 시대에 국가 간의 소통이 원활해질 수 있도록
즐거운 대화의 장을 만드는 국제회의 기획자를 만나 보자.

아시아 유럽 정상 회의
서울 핵 안보 정상 회의
국제 해저 터널 포럼
레이저 광전자 국제회의
국제 라틴아메리카 카리브 학회
세계 청소년 문화 축제
행복의 경제학 국제회의

우리나라에서 열리는 세계적인 국제회의는
1년에 600건이 넘고
국제회의에 참석하는 외국인만 해도
수십만 명에 이른다.

그 많은 국제회의를 개최하고
전 세계인을 한곳에 모아
서로 자유롭게 소통할 수 있도록
계획하고 준비하고 진행하는 사람은
과연 누구일까?

 전 세계 사람들이 자유롭게 소통하려면 무엇이 필요할까요?

국제회의의 메카로 불리는 코엑스 컨벤션 센터!

메카: 어떤 분야의 중심이 되는 곳.

내일, 바로 이곳에서 열릴

제1회 국제 어린이 건강 학술대회를 준비하느라

국제회의 기획자 정마루 팀장이 바쁘게 움직이고 있다.

코엑스: 한국종합무역센터에 있는 종합 전시관으로, 다양한 국제회의와 박람회, 전시회 등이 열린다.

이번 국제회의는

세계 최초로 열리는 데다

3천 명 이상 참석할 예정이라

준비 기간도 길었고, 챙길 것도 많았다.

특히 정 팀장이 처음부터 기획하고 진행한 대회라

그만큼 더 신경 쓰이고 긴장되었다.

보통 국제회의 준비는
짧으면 3~4개월, 길면 2~3년이 걸리는데,
일단 국제회의 개최가 결정되면
국제회의 기획자는 눈코 뜰 새 없이 바빠진다.

프로그램 개발부터 시작해서
진행에 필요한 예산을 짜고
주요 참석자들을 초청하고
무대와 행사장을 준비하고
대회를 널리 홍보하고
회의 진행과 마무리 후 평가까지
다양한 업무를 진행해야 하기 때문이다.

예산: 어떤 일을 할 때 필요한 비용.

국제회의 기획자는
방송 프로그램을 만드는 프로듀서나
오케스트라를 이끄는 지휘자처럼
'국제회의'라는 하나의 작품을
처음부터 끝까지 디자인해서
완성시킨다.

지금 회의장 안은
마지막 점검의 손길로 열기가 뜨겁다.

동시통역: 외국어로 말하는 것을
그 자리에서 바로 뜻이 통하도록
다른 말로 옮겨 주는 것.

"여기 좌석 배치 좀 다시 해 주세요."
"조명은 좀 더 밝게 해 주시고요."
"동시통역을 해 주실 통역사분들은 모두 오셨지요?"
"아, 아! 지금은 마이크 테스트 중입니다."

정 팀장은
무대 설치와 좌석 배치, 조명과 음향,
보안과 통역에서부터
참석자들이 쓸 필기구와 메모지까지
작은 것 하나도 놓치지 않고
하나하나 점검하고 확인한다.

"스태프 여러분께 잠시 안내 말씀 드리겠습니다.
오후 다섯 시부터 전체 리허설에 들어갈 예정입니다.
자기가 맡은 부분을 다시 한 번 꼼꼼히 체크하고
모두 대기해 주시기 바랍니다."

리허설: 공연이나 행사를
앞두고 실제처럼 미리
연습해 보는 것.

최종 리허설은 밤늦게까지 이어졌다.

생각할 것도 많고
해야 할 일도 많고
챙겨야 할 사람도 많은
국제회의 기획자.

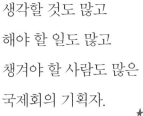

베테랑: 오랫동안 일하거나 경험을
쌓아서 기술이 뛰어나고 노련한 사람.

그래서 정 팀장은
10년 경력의 베테랑 국제회의 기획자가 되기까지
항상 게을리하지 않는 습관이 하나 있다.

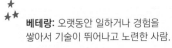

바로 메모하는 것.

"일정이라든가, 문득 생각나는 아이디어라든가,
고객들과 나눈 이야기를

접목하다: 둘 이상의 다른 현상
따위를 알맞게 조화를 이루도록 함.

수첩이나 휴대폰에 꼭 기록해 놓죠.
또 길거리에서 독특한 간판이나 문구를 보면
사진으로 찍어 두었다가
다음 행사에 어떻게 접목할 수 있는지 생각하고요."

국제회의 기획자는
메모하는 습관 말고도

탄탄한 외국어 실력,
풍부한 교양과 지식을
기본적으로 갖춰야 한다.

또 원만한 대인 관계를 맺을 수 있는
커뮤니케이션 능력과
갑작스런 돌발 상황에 대처하는
위기 대응 능력도 필요하다.

행사 시작 날,

이른 아침부터 몰려든 사람들로

행사장 안이 북적거린다.

학술 대회에 참석하려는

외국인들의 발길도 끊이지 않는다.

드디어 무대에 조명이 켜지고

지난 1년 동안 들인 노력과 땀의 결실이

비로소 빛을 발하기 시작한다.

기획부터 진행에 이르는 모든 단계를

디자인한 그의 작품이

지금 이 순간

무대 위에서 멋지게 펼쳐지는 것이다.

하지만 정 팀장의 얼굴에선
긴장한 표정이 사라지지 않는다.
무대 위의 회의가 원활하게 진행되도록
무대 밖에서 만일의 상황에 대비해야 하기 때문이다.
행사가 무사히 끝나고
청중들이 큰 박수를 보낼 때에야
비로소 안도의 한숨을 쉴 수 있다.

안도: 어떤 일이 잘 진행되어 마음을 놓음.

"대회를 성공리에 마쳤을 때의 성취감은
그 무엇과도 비교할 수 없어요.
국제회의 기획자는
도전적이고 변화를 좋아하는 사람에게
아주 잘 어울리는 직업이죠."

국제회의를 기획하고 진행하는 것은
국경을 넘어 다양한 사람들과 소통하는 일이고,
'국제회의'라는 멋진 작품을 디자인하는
창조적인 작업이다.
하나의 작품을 멋지게 완성한 정 팀장은
뿌듯한 마음으로 오랜 고단함을 잊는다.

국제회의 기획자에게 필요한 자질은 무엇일까요?

세계 여러 나라 사람들이 참여하는 세미나와 토론회, 박람회, 전시회 등을 기획하고 진행해야 하므로 외국어 실력이 뛰어나야 해요. 또 국제 상황에 대한 지식과 감각도 필요하지요. 각 나라의 독특한 예절과 생활 방식 등에 대해서도 잘 알아야 하고요. 회의를 진행하려면 많은 사람과 함께 일해야 하므로 제작진들을 잘 이끌어 나갈 수 있는 리더십과 추진력, 대인 관계 능력도 갖춰야 한답니다.

국제회의 기획자가 되고 싶다고요?

최근 들어 컨벤션 고등학교를 비롯해 대학에도 컨벤션경영학과, 관광컨벤션학과, 호텔컨벤션경영학과 등 컨벤션 관련 학과가 많이 생겼어요. 이런 곳에 진학해서 전문 교육을 받으면 국제회의 기획자가 될 때 아주 유리하지요. 하지만 꼭 전공을 하지 않더라도 컨벤션 관련 협회에서 제공하는 인턴십 프로그램(회사나 기관 등의 정식 구성원이 되기 전에 훈련을 받는 과정)을 활용하면 국제회의 기획에 대해 얼마든지 배울 수 있어요. 관련 자격증으로는 국제회의 기획과 운영, 정보 처리, 영어 등을 시험 보는 컨벤션 기획사 자격증이 있어요.

국제 무대에서 일하는 직업이 궁금하다고요?

✳ 외교관

외교관은 한 나라를 대표하여 국가의 이익을 위해 일하는 공무원으로, 세계 여러 나라의 정치와 경제, 사회 상황을 바탕으로 나라에 도움이 될 수 있는 정책을 마련해요. 다른 나라와 협상이나 회의를 할 때 상대방을 잘 설득할 수 있는 능력이 필요해요. 대학에서 외교학이나 정치학을 공부하면 도움이 되는데, 외교관이 되려면 외무 고시에 합격해야 해요.

✳ 국제공무원

국제공무원은 국제연합(UN)이나 세계무역기구(WTO), 세계보건기구(WHO)와 같은 국제기구에서 전 세계 사람들을 위해 일해요. 영어를 비롯해 프랑스 어나 중국어 등 외국어를 아주 잘해야 하지요. 전쟁과 가난, 지진, 홍수 등으로 힘들어하는 사람들을 도와주겠다는 봉사 정신도 있어야 해요.

✳ 국제 변호사

해외에서 변호사 자격증을 딴 후, 2개 이상의 나라에서 변호사 활동을 해요. 국제 변호사는 우리나라 법정에는 설 수 없지요. 우리나라에서 활동하는 국제 변호사는 대부분 기업의 법무팀이나 법무 법인 회사에서 일해요. 기업들의 해외 진출이 늘어나면서 외국 기업과의 협상이나 계약을 할 때 그 나라의 법과 제도를 모르면 큰 손해를 입을 수 있거든요.

✳ 해외 특파원

해외 특파원은 뉴스를 취재하기 위해 외국에 가서 일하는 언론사나 통신사의 직원을 말해요. 장기간 외국에 머무는 사람을 상주 특파원, 올림픽 경기나 정상 회담 등 특별한 경우에 파견되는 사람을 임시 특파원이라고 해요.

언어의 장벽을 허무는 마법사

👤 통역사 **요네하라 마리**

★ 다른 언어를 쓰는 두 주인의 마음을 사로잡는다

우리가 살고 있는 지구에 존재하는 언어는 6천여 가지.
그중 100만 명 이상이 사용하는 언어도 250가지가 넘는다.
서로 다른 언어를 사용하는 사람들 사이에서 말이 통하도록
도와주는 통역사. 그들은 무엇을 공부하고 어떻게 일할까?

러시아의 초대 대통령, 보리스 옐친.

그가 일본에 왔을 때

그의 옆엔 그녀가 있었다.

> **보리스 옐친:** 급진적인 개혁을 주장함으
> 로써 국민들에게 열렬한 지지를
> 받으면서 당선된 러시아 1, 2대 대통령.

러시아의 유명한 첼로 연주자, 로스트로포비치.

그가 일본에 왔을 때도

그의 옆엔 그녀가 있었다.

> **로스트로포비치:** 소련(러시아의 옛날 이름)
> 출신의 세계적인 첼로 연주자.

일본 텔레비전 방송국 사람들.

그들이 러시아로 취재를 떠날 때도

그들 옆엔 그녀가 있었다.

> **취재:** 작품이나 기사에 필요한
> 재료나 소재를 조사해서 얻음.

일본어를 모르는 러시아 인,
러시아 어를 모르는 일본인을 위해
그들의 입과 귀가 되어 주는 그녀.

그녀는 바로

일본 최고의 통역사, 요네하라 마리.

 생각해 보기 다른 나라 사람과 말이 통하지 않을 때 어떤 느낌이 드나요?

요네하라 마리가
러시아 어를 처음 배우기 시작한 건
아홉 살 때.

아버지의 일 때문에
가족이 체코의 수도 프라하로 가게 되었고,
부모님은 그녀를
러시아 어로 가르치는 학교에 입학시켰다.

아는 친구 하나 없고
말도 전혀 통하지 않는
학교생활은
고통을 넘어
공포 그 자체였다.

★★★ 요네하라 마리가 체코에서 다닌
학교는 당시 소련 대사관이 외교관과
공산당 간부 자녀를 위해 운영한
국제 학교였다.

다행히 책 읽기를 좋아한 마리는
러시아 어로 쓰인 책들을 읽으면서
낯설고 새로운 말의 세계로 빠져 들어갔다.

"미술 선생님, 정말 밥맛이야."
"쟤 완전 폭탄 아니니?"

그렇게 러시아 어로 친구들과
농담을 주고받았을 때의 기쁨이란!
그 엄청난 기쁨이
그녀를 동시통역사의 길로 이끌었다.

"내가 통역 일을 하게 된 건
서로 말이 통하지 않는 사람들이
통역으로 마음을 주고받는 순간의 기쁨을
계속 맛보고 싶었기 때문이에요."

귀로는 러시아 어를 들으면서

입으로는 일본어를 말하고,

귀로는 일본어를 들으면서

입으로는 러시아 어를 말하며

두 나라 언어를 자유자재로 다루어야 하는 통역사.

통역사로 일하려면

유창한 언어 능력뿐만 아니라

다양한 분야의 지식을 폭넓게 쌓아야 한다.

유창하다: 말을 하거나 글을 읽는 것이 마치 물 흐르듯이 거침없다.

햇병아리 통역사 시절,
원자력 관련 국제회의의 통역을 맡은 요네하라 마리.
그녀에겐 한 달의 준비 기간이 하루처럼 빠르게 흘렀다.

책과 논문을 읽으며
원자력에 관련된 전문 용어를 공부했고,
잘 이해되지 않는 내용은 전문가에게 일일이 물었다.
그리고 회의에 나올 법한 말은 죽기 살기로 외웠다.

그러고도 회의 전날 밤엔 걱정 때문에 잠도 못 이루고
당일 아침엔 떨리는 가슴을 누르며 회의장에 들어섰다.

그 긴장감은
훗날 노련한 통역사가 되어서도
줄어들지 않았다.

노련하다: 경험이 많이 쌓여
익숙하고 솜씨가 좋다.

"통역하는 날이 다가올 때마다
점점 발밑이 사라져 가는 것 같은
불안한 마음에 빠져들어요."

말은 소리로 표현되는 것.
그래서 똑같은 말이라도
사람에 따라, 지역에 따라, 상황에 따라
그때그때 조금씩 달라진다.

통역사는
서로 다른 문화를 가진 두 언어 사이에서
**단순히 말이 아닌, 그 의미와 정보까지
정확하고 빠르게 전달하는 것이 핵심!**

하지만 내 나라 말도 아닌
남의 나라 말을
정확히 파악하는 건 쉽지 않다.
실수가 따르는 건 다반사.
최고의 통역사 마리도
예외는 아니었다.

어느 날 텔레비전 프로그램에 나가
동시통역을 하면서 저지른 실수를
그녀는 아직도 잊지 못한다.

"페레스트로이카 이후 소련 사람들은
자유롭게 출국할 수 있게 되었습니다."라고
해야 할 것을
"페레스트로이카 이후 소련 사람들은
자유롭게 출옥할 수 있게 되었습니다."라고
잘못 말한 것.

출국: 한 나라를 떠나
다른 나라로 가는 것.

출국과 출옥,
비슷하지만 전혀 다른 두 말.
그 사이에서
통역사는 아슬아슬 줄타기를 하며 일한다.

출옥: 감옥에서
석방되어 나오는 것.

요네하라 마리는 말한다.

"통역은
두 주인을 동시에 섬기는 일이에요."

다른 언어를 쓰는
두 주인 사이에서
서로의 말을
최대한 정확하게 전달하고,
두 주인이
서로의 마음을
최대한 자유롭게 주고받도록
도와준다는 것.

언어와 언어를 이어 주고
문화와 문화를 이어 주고
나라와 나라를 이어 주고
사람과 사람을 이어 주는
통역사.

그들이 있어
언어와 언어 사이의 장벽을 넘어
많은 사람이 함께 소통하고
세계는 더 가까워진다.

지식 e 궁금해!

통역하는 방법이 다양하다고요?

* 동시통역

말하는 것을 듣는 동시에 통역하는 것이에요. 주로 국제회의나 발표회, 세미나 등 내용을 빠르게 전달해야 하는 곳에서 이루어져요.

* 순차 통역

발표자의 말이 끝난 후에 통역하는 것이에요. 통역하는 데 시간은 오래 걸리지만 내용을 정확하게 전달할 수 있어요. 기자 회견이나 강연회, 공식 회담 등에서 말을 명확하게 전달해야 할 때 많이 활용된답니다.

* 위스퍼링 통역

위스퍼링(whispering)은 '속삭인다'는 뜻으로, 통역사가 말을 듣는 사람 옆에서 속삭이듯 통역해 주는 거예요. 두 나라의 대통령이 만나는 정상 회담처럼 청중이 두 명 정도로 제한될 때 많이 쓰이지요.

* 원격 통역

발표자가 멀리 떨어져 있을 때 위성 화면을 보면서 통역하는 것이에요. 화상 회의나 전화 내용을 통역할 때 주로 이루어져요.

통역사가 되고 싶다고요?

탁월한 외국어 실력을 갖추기 위해 대학의 통역학과나 통번역 대학원에서 전문적으로 공부해야 해요. 그런데 통역사는 두 나라 언어를 자유자재로 쓸 줄 알아야 하기 때문에 국어 실력을 탄탄하게 쌓는 것도 굉장히 중요하답니다. 외국어를 아무리 잘해도 우리말을 모르면 제대로 통역할 수 없으니까요. 또 일상적인 회화는 기본이고 전문 분야에 대한 용어와 지식을 깊이 있게 공부해야 해요. 컴퓨터 관련 회의를 하는데 컴퓨터 용어를 모른다면 올바른 통역을 할 수 없으니까요.

외국어와 관련된 직업이 궁금하다고요?

★ 영상 번역가

영상 번역가는 영화, 뉴스, 애니메이션, 다큐멘터리, 취재 자료 등 영상물의 대사를 우리말이나 외국어로 옮기는 일을 해요. 각종 기관이나 기업의 해외 홍보용 비디오나 영상 자료를 번역하기도 하지요. 영상 번역가는 탄탄한 외국어 실력을 바탕으로 해당 분야에 대한 전문 지식을 풍부하게 갖추고 있으면 좋아요.

★ 테크니컬 라이터

테크니컬 라이터는 컴퓨터 프로그램의 사용 설명서나 새로운 기술을 소개하는 안내서 등을 만드는 사람이에요. 따라서 컴퓨터와 관련된 첨단 기술에 관심이 많으면서 외국 서적을 정확히 이해할 수 있는 외국어 실력을 갖춰야 해요. 또 정보처리기사 자격증이 있으면 도움이 많이 되지요.

★ 의료 관광 코디네이터

의료 관광 코디네이터는 외국인 환자들이 우리나라 병원에서 제대로 치료받을 수 있도록 실력 있는 의료진을 연결해 줘요. 그리고 환자와 가족들이 편안하게 머물 수 있는 숙박 시설을 알려 주며 다양한 관광 프로그램 등을 소개하지요.

07 구름 위에서 일하는 하늘의 꽃

👤 항공기 승무원 김다정*

★ 투철한 서비스 정신과 튼튼한 체력을 갖춘다

탑승객이 목적지까지 안전하고 편안하게 즐거운 마음으로
여행할 수 있도록 최선을 다해 일하는 항공기 승무원.
'하늘의 꽃'으로 불리는 항공기 승무원은 어떻게 일할까?

"이 비행기는 파리까지 가는
푸른 하늘 항공사 PH 101편입니다."

항공기 객실 승무원으로 일하는
다정의 낭랑한 음성이
마이크를 타고 비행기 안에 울려 퍼졌다.

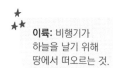
이륙: 비행기가
하늘을 날기 위해
땅에서 떠오르는 것.

"목적지인 파리 샤를 드골 공항까지의 비행시간은
이륙 후 12시간으로 예정하고 있습니다.
오늘 박준우 기장을 비롯한 저희 승무원은
여러분을 파리까지 정성껏 모시겠습니다.
도움이 필요하시면 언제든지 저희 승무원을 불러 주십시오.
즐거운 여행이 되시기 바랍니다. 감사합니다."

똑같은 안내 방송이
영어와 프랑스 어로 반복되었고
잠시 후 비행기가
푸른 하늘을 향해 날아올랐다!

 하늘 높이 날아가는 비행기를 보면 어떤 생각이 드나요?

"띵! 띵!"

안전벨트 해제 신호가 두 번 울렸다.

비행기가 안전하게 이륙했으니

이제부턴 안전벨트를 풀어도 된다는 신호였다.

점프시트에 앉아 있던 다정이

서둘러 안전벨트를 풀고

갤리로 향했다.

승객들에게 서비스할 기내식을

준비하기 위해서다.

점프시트: 팔걸이가 없는 접이식 보조 의자로, 승무원들만 앉게 되어 있다.

갤리: 비행기 안에 있는 주방.

기내식: 비행기에서 승객이나 승무원에게 제공되는 식사와 음료수, 간식 따위.

비행시간이 8시간 이상인 경우
보통 기내식은 두 끼를 서비스하는데,
수백 명이 먹을 수 있는 음식을 오븐에 데워
승객들에게 일일이 나누어 주려면
바쁘게 움직여야 한다.

"저는 고기를 먹지 않는 채식주의자예요."
"우리 아기가 먹을 만한 이유식이 있을까요?"
"저는 당뇨 환자입니다."

건강과 종교, 나이 등의 이유로
일반 기내식을 먹지 못하는 승객을 위해선
특별식을 따로 준비해야 하기 때문에
다정은 잠시도 쉴 틈이 없다.

기내식 서비스를 비롯해

비행기가 하늘을 나는 동안

항공기 승무원은 눈코 뜰 새 없이 바쁘다.

비행기 안의 안전 장비를 점검하고

이착륙 때 승객의 안전벨트를 확인하고

승객이 영화나 음악을 즐길 수 있게 도와주고

화장실 용품이 부족하지 않도록 챙기고

입국 신고서 등 서류 작성을 돕고

면세품을 판매하는 일도 한다.

입국 신고서: 다른 나라에 들어갈 때 입국 사실을 신고하기 위해 작성하는 증명서.

면세품: 세금을 내지 않아도 되는 물건.

항공기 승무원은
기내식 서비스가 모두 끝난 후에야
갤리에 모여서 간단히 식사를 해결하고,
'벙커'라고 불리는 곳에서
한두 시간씩 교대로 쪽잠을 자면서
잠시 휴식을 취한 후, 다시 일을 시작한다.

이렇게 우리나라 승객뿐만 아니라 외국인 승객도
편안하고 안전하게 여행을 즐길 수 있도록 하려면
항공기 승무원은 어학 능력은 물론
튼튼한 체력과 투철한 서비스 정신을 갖춰야 한다.

"손님 여러분, 비행기가 계속해서 흔들리고 있습니다.
좌석 벨트를 매셨는지 다시 한 번 확인해 주시고,
그동안 화장실 사용은 삼가시기 바랍니다."

기내 안내 방송이 다급하게 흘러나왔다.
예측할 수 없는 난기류 때문에
비행기가 휘청 흔들리고 떨렸던 것.

★
★★ **난기류:** 공기의 방향과 속도가
불규칙하게 바뀌는 것. 비행 중인
비행기에 충격을 줄 수 있다.

이때가 승무원이 가장 긴장하는 순간이다.
일반적인 상황은 어떻게든 대처할 수 있지만
날씨와 관련된 일은 어쩔 수가 없다.
게다가 부상의 위험도 크다.

이런 위기 상황에 대처할 수 있도록
모든 항공기 승무원은
정기적으로 안전 교육을 받는다.

비행기가 불시착했을 경우
승객들을 안전하게 대피시키는 훈련을 비롯해
응급 처치와 수영, 사격, 호신술 등을 배운다.
친절한 서비스를 제공하는 것만큼
승객들의 안전을 지켜 주는 것이
승무원의 중요한 역할이기 때문이다.

불시착: 비행기가 고장이나
기상 악화, 연료 부족 등으로 예정
되지 않은 곳에 착륙하는 것.

다정은 침착하지만 신속하게
승객들을 살폈다.

호신술: 태권도와 유도 등 자신의
몸을 보호하기 위한 무술.

한 달 주기로 비행 일정이 바뀌기 때문에
주말과 휴일 없이 근무하기도 하고,
긴 비행시간 동안 바쁘게 일하기 때문에
몸이 힘들 때도 많지만
감동의 순간들은 있다.

비행기 창밖으로 떠오르는 황금빛 해,
땅 위에서 보는 것보다 훨씬 크고 빛나는 별,
오래된 도시의 빨간 지붕과 호수를 볼 때
다정은 늘 가슴이 뭉클해진다.

그러나 이런 풍경보다 더 감동적인 것은
승객들의 즐거운 여행에 동참했다는
보람을 느낄 때다.

여행을 떠나거나 가족을 만나러 가는
설렘과 행복이 담긴 승객들의 여행에
동행하고 있다는 뿌듯함!

그리고 정성을 다해 서비스를 해 드린 승객들이
돌려주는 진심 어린 감사와 따뜻한 마음!

이런 보람 덕분에 다정은
오늘 비행을 무사히 마친 것을 감사드리고,
또 새로운 만남이 있을
다음 비행을 설레는 마음으로 기다린다.

항공기 승무원에게 필요한 자질은 무엇일까요?

여자 승무원은 스튜어디스, 남자 승무원은 스튜어드라고 불러요. 항공기 승무원은 승객들이 편안하고 즐겁게 여행할 수 있도록 도와야 하기 때문에 투철한 서비스 정신과 희생정신이 필요해요. 또 영어를 비롯해 외국어를 잘해야 하고, 오랜 시간 승객들의 시중을 들어야 하므로 체력도 튼튼해야 하지요. 그리고 명랑하고 쾌활한 성격이면 좋답니다.

항공기 승무원이 되고 싶다고요?

각 항공사의 시험에 합격해야 항공기 승무원이 될 수 있는데, 특히 면접시험이 아주 중요해요. 외국어 실력과 단정한 용모, 튼튼한 체력, 위기 대처 능력, 친절하고 세련된 매너 등을 중점적으로 살펴보지요. 대학의 항공비서과와 항공운항과 등에서 공부하거나 전문 학원에서 시험 준비를 할 수도 있어요. 외국 항공사에서도 우리나라 승무원을 뽑기 때문에 여러 나라의 문화에 관심을 갖고 교양과 상식을 폭넓게 쌓으면 도움이 돼요.

공항에서 일하는 직업이 궁금하다고요?

✱ 항공기 조종사

항공기 조종사는 여객기를 비롯해 전투기와 헬리콥터, 레저용 경비행기 등을 운전해요. 사람의 생명을 책임지는 일이기 때문에 투철한 사명감과 정신력, 강한 체력이 필요하지요. 공군사관학교를 졸업하거나 대학의 항공조종학과에서 공부하면 항공기 조종사가 되는 데 아주 유리해요.

★ 항공 관제사

항공 관제사는 비행기가 안전하게 이륙하고 착륙할 수 있도록 항공 교통

을 관리해요. 또 조종사에게 바람의 속도와 방향, 구름과 안개 등 날씨 상황을 알려 주어 사고가 나지 않도록 하지요. 비행기가 뜨고 내리는 시간도 정해 준답니다.

★ 항공기 정비사

항공기 정비사는 항공기가 안전하게 비행할 수 있도록 동체(항공기의 날개와 꼬리를 제외한 중심 부분)와 엔진, 계기 등을 조립하거나 정비해요. 시험 측정 기구를 사용해서 고장 난 위치와 범위, 불량 상태를 진단하고 검사한 다음, 그에 맞게 수리하거나 새 부품으로 교체하지요. 대학에서 기계 공학과 항공 공학 등을 공부하면 유리해요.

★ 공항 검역관

공항 검역관은 해외에서 병원균이나 해충이 들어오지 못하게 수출입되는 동식물과 축산물, 항공기와 승객들을 점검하는 일을 해요. 승객들에게 예방 주사를 놓거나 비행기와 화물 등을 소독하기도 하지요. 동물이나 식물은 병에 걸렸는지를 살펴본 뒤 통과시키거나 폐기해요.

3부

아름다운 세상,
멋진 사람들

사람들의 입맛을 사로잡는 맛의 예술가

👤 요리사 **코리 리**

★ 상식을 깨고 상상을 더해 나만의 요리를 만든다

맛있는 음식은 단순히 배고픔을 채워 줄 뿐만 아니라
우리에게 커다란 행복과 기쁨도 가져다준다. 좋은 재료로
맛있고 아름답고 향기로운 음식을 만들어 내는 요리사.
음식으로 행복을 전하는 요리사가 되려면 어떻게 해야 할까?

지금으로부터 30여 년 전,
가족과 함께 미국 뉴욕으로 이민 간
개구쟁이 소년.

소년의 눈에 비친
미국의 첫인상은
'바나나 천국'이었다.

한국에선 값이 비싸
맛보기 힘든 바나나를
마음껏 먹을 수 있는 곳.
그리고 소년은 점점 자라면서 깨닫게 된다.

미국은 전 세계의 음식이 모여 있는
'음식의 천국'이기도 하다는 사실을.

 맛있는 음식을 먹으면 어떤 기분이 드나요?

열일곱 살이 된 소년은
뉴욕의 한 레스토랑에서
아르바이트를 하게 된다.

온갖 조리 기구가 반짝거리는 주방과
셰프가 현란하게 조리하는 모습,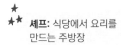
그리고 그의 손끝에서 탄생하는 음식.

셰프: 식당에서 요리를
만드는 주방장

환상적인 마술처럼
멋진 요리 세계에
온통 마음을 빼앗긴 소년은
레스토랑 주인에게 부탁한다.

"돈은 안 주셔도 괜찮아요.
쉬는 날 식당에 나와
주방 보조로 일하게만 해 주세요."

그렇게 요리 공부에 빠져든 소년은

요리 전문학교에 가는 대신

뉴욕과 파리, 런던의 최고 레스토랑을 거치며

그곳의 훌륭한 셰프들에게

주방 일을 하나하나 배워 나간다.

그리고 20년 뒤,

한국인 최초로
미슐랭 3스타를 받은 셰프라는
타이틀을 얻는다.

미슐랭 3스타: 최고의 셰프와 식당에만 주어지는 등급. 전 세계에서 '미슐랭 가이드'의 최고 등급인 별 3개를 받은 식당은 50여 곳밖에 안 된다.

'요리계의 마술사'로 불리며
세계적인 스타 셰프가 된 그는
바로 코리 리.

코리 리의 멘토이자 세계적으로 유명한 셰프인
토마스 켈러는 말한다.

★
★★ **토마스 켈러**: 1997년 미국
전역 베스트 셰프 상을 수상
했으며, 미슐랭 3스타에
오른 레스토랑을 2개나 운영
하는 대표이기도 하다.

"코리 리는 기술적으로 뛰어난 요리를 선보이는
타고난 예술가이자, 환상적인 음식의 조화를
터득한 셰프이다."

하지만 그가 이런 찬사를 받기까지는
길고 고된 수련의 시간이 필요했다.

좋은 요리사가 되려면
먼저 좋은 기술자가 되어야 한다.

그는 새벽부터 늦은 밤까지
하루에 18시간씩 주방에 서서
식재료를 씻고 다듬고 자르고 조리하고
새로운 메뉴를 구상해
이리저리 시도해 보는 과정을
수없이 반복해야 했다.

오랜 수련을 거치면서
불과 칼을 자유자재로 다룰 수 있어야
비로소 독창적인 맛을 창조해 내는
'맛의 예술가'가 될 수 있기 때문이다.

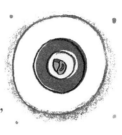

"내 접시에 담긴 것은
요리가 아닌 나 자신이다."

그렇게 믿는 코리 리는
2010년 샌프란시스코에
레스토랑 '베누'를 열고,
다른 어디에서도 맛볼 수 없는
그만의 독창적인 요리를 선보였다.

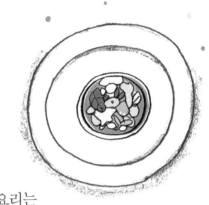

연어 알과 래디쉬를 얹은 참깨 두부 요리는
셰프 코리 리의 대표적인 작품.

보통 두부를 먹을 때는
두부 위에 소스를 뿌리지만
이 요리는 두부 안에 소스가 들어간다.
그래서 두부를 자르면
안에서 소스가 짠! 하고 흘러나온다.
먹는 사람에게 맛뿐만 아니라
놀라움과 즐거움을 함께 선사하는 것이다.

그는
단순하고 평범한 재료를
새롭고 재미있는 방식으로 요리한다.

동양과 서양이 자연스럽게 조화를 이루고,
상식이 깨지고 놀라운 상상이 더해지는
특별한 요리를 만들어 낸다.

멸치 볶음에서 영감을 얻은 '캐러멜 멸치 요리'
한국의 보쌈을 새롭게 해석한 '굴과 삼겹살, 김치'
중국의 삭힌 알 요리를 응용한 '천년 묵은 메추리 알, 죽, 생강'
할머니의 도토리묵에서 나온 '참나무로부터 온 거지의 보석 지갑.'

셰프 코리 리에게
요리는 즐거운 모험이다.

주방 한 켠에 놓인 셰프의 작은 테이블.
바로 요리사 코리 리의 맛있는 작품이
탄생하는 곳이다.

이 고기는 어떻게 자르면 더 부드러울까?
채소 절임의 비율은 어떻게 할까?
어떤 모양과 색깔로 만들어 볼까?
굽거나 찌는 것 말고 다른 방법은 없을까?

아이디어를 떠올리고 나면
곧바로 조리대로 가서
썰고 다지고 찧고 섞고
굽고 찌고 삶고 지져서
코리 리만의 특별한 요리를
접시 위에 만들어 낸다.

숙련된 기술자이자
섬세한 예술가인 요리사.

그들의 손끝에서 만들어진 음식은
사람들에게 행복과 위로를 주고,
특별한 추억과 감동을 선물한다.

요리사 코리 리는
날마다 자신만의 요리를 만들며
맛있고 흥미롭고 신나는 요리 세계를
행복하게 항해하고 있다.

무엇을 만드느냐에 따라 이름이 다르다고요?

＊ 쇼콜라티에

쇼콜라티에는 초콜릿의 프랑스 어인 '쇼콜라'에서 나온 말로, 달콤한 초콜 릿은 물론이고 초콜릿을 이용해 예 술 작품까지 만들어요. 우리나라에 는 많이 알려지지 않았지만, 초콜릿 의 역사가 오래된 유럽에선 아주 친 숙한 직업이지요.

＊ 슈가 크래프터

슈가 크래프터는 설탕 가루를 반죽한 후, 식용 색소로 색깔을 내고 갖가지 모양을 만들어 케이크 장식이나 생활 소품 등을 만들어요. 슈가 크래프트 로 만든 꽃과 가방, 인형, 구두, 옷 같은 장식물은 먹을 수도 있고 영구적으 로 보관할 수도 있어요.

＊ 파티시에

파티시에는 프랑스 어로 '패스트리 요리사'를 뜻하는 말로, 과자나 케이 크, 파이, 아이스크림 등을 만드는 사람이에요. 그런데 원래 빵을 만드는 사람은 파티시에라고 하지 않고 블랑제라고 따로 부른답니다. 우리나라에 선 빵과 케이크, 과자를 같이 만들어서 파는 곳이 많기 때문에 파티시에와 블랑제를 따로 구분하지 않지요.

요리사에게 필요한 자질은 무엇일까요?

요리사는 맛있는 요리를 만들어야 하는 만큼 미각이 좋아야 해요. 다양한 조리법과 재료의 특성, 영양에 관한 지식도 갖추어야 하고요. 새롭고 색다른 요리를 만들어 내는 창의력과, 그것을 끝까지 해내는 끈기와 노력도 필요하답니다.

요리와 관련된 직업이 궁금하다고요?

✳ 영양사

영양사는 사람들이 건강을 유지하고 질병에 걸리지 않도록 영양가 풍부하고 균형 잡힌 식단을 짜 주는 일을 해요. 학교, 병원, 회사, 호텔 등 많은 사람들이 식사하는 곳에서 일하지요. 영양사가 되려면 대학에서 식품영양학이나 외식영양학 등 식품이나 영양 관련 학과를 졸업해야 한답니다.

✳ 케이터링 요리사

크고 작은 파티장이나 영화 촬영 현장 같은 곳에 가서 요리하는 사람을 케이터링 요리사라고 해요. 비용과 인원수, 장소, 목적, 고객의 요구에 따라 한식, 양식, 디저트, 도시락, 파티 메뉴 등 음식의 종류를 정하지요. 또 그릇과 꽃, 장식품 등으로 식탁을 멋지게 꾸미는 일도 해요.

✳ 음식 메뉴 개발자

'새로운 맛의 창조자'로 불리는 음식 메뉴 개발자는 음식점과 호텔, 패밀리 레스토랑 등에서 새로운 메뉴를 개발해요. 음식 메뉴 개발자가 되려면 무엇보다 요리에 대한 경험과 지식이 풍부해야 하는데, 조리학과나 식품영양학과 등에서 요리에 관련된 공부를 하면 도움이 많이 되지요.

09 일상을 디자인하는 살림의 멘토

👤 라이프스타일 코디네이터 **마사 스튜어트**

★ 지루한 생활에 반짝이는 아름다움을 더한다

주부들에게 집안일은 해도 해도 끝나지 않는 지루함의 반복이다.
이 일을 누군가 대신해 줄 수 있다면, 그것도 아주 멋지고 훌륭하게
해낼 수 있다면 얼마나 좋을까? 바로 그 일을 해 주는 사람이
라이프스타일 코디네이터. 그들은 어떻게 일할까?

맛있고 예쁜 쿠키를 구우려면 어떻게 해야 할까?
옷장 속의 낡은 옷을 활용하는 방법은 없을까?
손님을 초대했는데 어떤 음식을 준비하면 좋을까?
낙서로 지저분해진 벽은 어떻게 깨끗하게 만들 수 있을까?
장미꽃을 탐스럽게 피우는 방법은 무엇일까?

전 세계 주부들은
이런 궁금증이 생기면
마사 스튜어트에게서 그 답을 찾는다.

살림의 여왕, 마사
완벽한 요리사, 마사
마술 같은 솜씨로 집을 꾸미는 마사.

이렇게 불리며
수많은 주부들에게
'살림의 멘토'가 된 마사 스튜어트.

 우리 집을 새로 꾸민다면 어디를 어떻게 바꾸고 싶나요?

그녀는

미국 뉴저지 주의 낡은 연립 주택에서

폴란드계 이민 노동자의 딸로 태어나

어린 시절부터 집안일을 도우며 자랐다.

교사인 어머니에겐 요리와 바느질을,

약품 판매원인 아버지에겐 정원 가꾸기를 배우며

일찍부터 살림 솜씨를 익힌 마사.

그녀는

광고 모델로 일하고

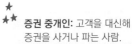 증권 중개인: 고객을 대신해
증권을 사거나 파는 사람.

증권 중개인으로도 일했지만

가장 즐거운 일은 집안 살림이었다.

주부가 된 마사는
150년 된 낡은 시골집을
자신의 손으로 새롭게 고쳐 짓고,
그 집의 부엌에서
자신이 열정을 갖고
가장 잘할 수 있는 일을 시작했다.

그것은 바로 요리였다.

그녀의 뛰어난 음식 솜씨와
환상적인 테이블 세팅은
순식간에
주변 사람들의 시선을 사로잡았다.

★
★★ **테이블 세팅:** 요리를 내놓기
위해 식탁을 보기 좋고 편리
하게 꾸미는 일.

113

마사는
'맛있고 멋있게 사는 방법'을
세상에 널리 알리기 시작했다.

모양이 근사하면서도 쉽게 만들어
식탁에 바로 올릴 수 있는 요리,
야생화로 자연스럽게 꾸민 테이블 세팅,
선물의 품격을 높여 주는 포장,
사람들의 기억에 남는 파티 준비,
공원처럼 가꾸는 정원.

그녀가 내놓는 살림 아이디어는
마치 마법사의 요술 봉처럼
일상생활을 예술로 바꾸어 놓았다.

그녀는

요리법, 집 꾸미기, 옷 만들기, 정원 가꾸기 등

자신이 찾아낸 살림 비법을

누구나 쉽게 따라 할 수 있도록

책과 잡지, 텔레비전을 통해 알렸다.

첫 요리 책《엔터테이닝》,

가정생활 잡지책《마사 스튜어트 리빙》,

《마사 스튜어트 웨딩》, 《마사 스튜어트 키즈》,

텔레비전 프로그램 〈마사 스튜어트 리빙 텔레비전〉.

그녀가 없었다면 존재하지 않았을 것들이다.

집안 살림을 하찮고 단순한 일로 여기던
세상의 인식을 완전히 바꿔 놓은
마사 스튜어트.

그녀는 소소한 집안일을
예술과 축제로 바꾸는
새로운 영역을 개척했다.

요리에서부터 인테리어, 정원 관리,
손님 접대, 쇼핑 요령에 이르기까지
가정 살림에 관한 모든 것을
점검하고 상담해 주는
라이프스타일 코디네이터.

라이프스타일 코디네이터는
날마다 반복되는 지루한 일상에
반짝이는 아이디어와
창의적인 아름다움을 더하는 사람이다.

마사는 말한다.

“내가 하는 일은
우리 삶을 디자인하는 일이에요.”

'토크 쇼의 여왕' 오프라 윈프리가
'살림의 여왕' 마사 스튜어트를 만나
인터뷰를 했다.

"당신의 멋진 성공은
쿠키를 굽는 데서 시작됐다고 생각해요."

"맞아요.
나는 쿠키 굽는 일이
대영 제국을 건설하는 것과
똑같은 가치를 지녔다고 생각해요."

집안 살림을

하나의 세계를 창조하는 수준으로,

또 아름다운 예술로 끌어올린

라이프스타일 코디네이터, 마사 스튜어트.

그녀는 지금도 끊임없이

일상 속에서

반짝이는 영감과 아이디어를 찾아내

우리의 삶을

더 멋지고 아름답게 만들어 가고 있다.

라이프스타일 코디네이터가 되고 싶다고요?

라이프스타일 코디네이터는 고객의 요구에 맞추어 집안 살림에 관한 모든 것을 점검하고 상담해 주어야 하기 때문에 고객의 평소 생활 습관과 가치관, 취향을 세심하게 파악하는 것이 아주 중요해요. 또 무엇이든 보기 좋게 꾸밀 수 있는 미적 감각과 색채 감각, 연출 감각이 있어야 하지요. 요리, 실내 장식, 꽃꽂이, 제품 구입에 이르기까지 두루 꿰뚫고 있어야 하므로 다방면에 걸쳐 폭넓은 지식과 정보를 쌓을 수 있도록 공부해야 해요. 라이프스타일 코디네이터가 되려면 학력이나 자격증보다는 풍부한 현장 경험을 통해 탄탄한 실력을 갖추는 게 더 필요해요.

생활 공간을 멋지게 꾸며 주는 직업이 궁금하다고요?

★ 인테리어 코디네이터

인테리어 코디네이터는 주택과 점포, 사무실 등의 실내를 어떻게 꾸밀지를 생각해서 고객에게 상담해 주는 일을 해요. 따라서 가구나 벽지, 바닥재 등 인테리어 관련 상품에 대해 잘 알고 있어야 하고, 고객의 취향과 요구를 정확히 파악해서 그에 맞는 인테리어 아이디어를 제공해야 한답니다. 주로 건설 회사나 백화점, 인테리어 회사 등에서 일하거나 프리랜서로 활동하기도 해요.

✴ 정원사

정원사는 화초와 나무를 재배하고 정원을 아름답게 가꾸는 일을 해요. 높

은 나무에 오르거나 흙을 나르는 등 힘든 작업을
많이 하므로 체력이 좋아야 해요. 특별한 자격과
학력은 필요 없고 실제 경험을 통해 기술을 익히
는 것이 중요해요.

✴ 아트 컨설턴트

아트 컨설턴트는 집이나 사무실, 음식점 등 다양한 공간에 어울리는 미술
작품을 선정해서 설치하고 관리해 주는 일을 해요. 고객과의 상담을 통해
원하는 분위기와 취향을 파악한 후, 그에 맞는 그림이나 글씨, 조각 작품
등을 선정하지요.

✴ 푸드 스타일리스트

푸드 스타일리스트는 음식을 멋지고 세련되게, 그리고 먹음직스럽게 보이

도록 꾸미는 일을 해요. 텔레비전이나 잡지, 광고
등에 나오는 음식을 직접 만들어서, 그에 어울리
는 그릇에 담고 꽃이나 장식품으로 아름답게 보이
도록 연출하지요. 요리와 미술을 함께 공부한 사
람들이 푸드 스타일리스트로 많이 활동한답니다.

✴ 테이블 코디네이터

테이블 코디네이터는 식탁에 놓을 음식과 물건의 색깔, 모양, 소재 등을 고
려해서 어떻게 배치하면 더 멋있고 아름다울지를 생각해요. 음식을 맛있
게 먹으면서, 동시에 눈으로 보고 즐기는 기쁨이 느껴지도록 식탁을 꾸미
는 것이지요. 예술적인 감각과 풍부한 상상력, 다양한 연출력이 필요해요.

10 꿈과 상상에 주문을 거는 마법사

👤 마술사 **최현우**

★ 거꾸로 하는 청개구리처럼 고정 관념을 깬다

시간과 공간을 뛰어넘는 놀라운 현상과, '이건 정말 불가능해!'
싶은 장면을 현실처럼 보여 주고 느끼게 하는 마술의 세계.
그 마술의 세계에서 환상적이고 기발한 공연을 펼치는 마술사.
마술사가 되려면 어떻게 해야 할까?

화려한 폭죽이 터지면서
비둘기 한 마리가 날아오르는가 싶더니,
어느 순간 비둘기는 가늘고 긴 마술 봉으로 변한다.

뉴욕의 랜드마크인 '자유의 여신상'이
눈앞에서 순식간에 사라진다.

★
★★ **랜드마크:** 도시의 이미지를
대표적으로 보여 주는 특이한
시설이나 건물.

현란한 손놀림으로 카드를 섞고
상대방이 마음속으로 생각하던
카드를 정확하게 알아맞힌다.

★
★★ **현란하다:** 눈이 부시도록
찬란하고 화려하다.

'있다'와 '없다' 사이
'나타났다'와 '사라졌다'의 사이
'보인다'와 '보이지 않는다'의 경계.
그 사이와 경계에 있는 마술.

그 마술의 길을 따라가면
지금껏 한 번도 상상해 보지 못한
신비와 환상의 세계가 펼쳐진다.

 내가 가장 좋아하는 마술은 무엇인가요?

마술사 최현우가

그 신비와 환상의 세계로 처음 초대된 건

고등학교 때.

세계적인 마술사 데이비드 카퍼필드의

마술 쇼를 보고 흥분한 최현우는

여자 친구를 만들어야겠다는

치기 어린 생각으로

혼자 책을 보며 마술을 배우기 시작했다.

그렇게 가벼운 마음으로 시작했지만,

친구들에게 마술을 보여 줄 때마다

놀라워하고 환호하는 모습을 보면서

마침내 큰 결심을 하게 된다.

'나도 데이비드 카퍼필드처럼
세계적인 프로 마술사가 될 거야!'

하지만 부모님의 강한 반대에 부딪혔다.
얌전하게 공부만 하던 모범생 아들이
대학에 들어갈 생각은 않고
갑자기 마술사가 되겠다니!

고집을 꺾지 않는 그에게 아버지는 말했다.
"네가 이렇게 말도 안 되는 고집을 부리겠다면
부모 자식 간의 인연을 끊자."

사형 선고와 다름없는
아버지의 폭탄선언.
그에겐 독이 되었을까, 약이 되었을까?

결국 집을 나온 최현우는

국내 1호 마술사인 이흥선 선생님을 찾아간다.

그리고 4년 동안

선생님 집에 기거하며 마술을 배운다.

> ★
> ★★ **기거하다:** 일정한 곳에서 먹고
> 자고 생활하다.

물론 이흥선 선생님이

그를 쉽게 받아 준 건 아니다.

처음에는 마술은커녕 하루 종일

설거지와 청소, 빨래 같은 허드렛일만 시켰다.

마술사가 되려는 의지가 얼마나 강한지

고된 훈련을 견딜 수 있는 인내심이 얼마나 깊은지

쉽게 포기하지 않는 끈기가 얼마나 있는지를

꼼꼼히 시험해 보려 했던 것.

마술사는 다양한 도구와 손놀림으로
사람들의 눈과 마음을 빼앗아
신비의 나라로 데려간다.

처음부터 마지막까지
한순간도 눈을 뗄 수 없게 만드는
매혹적인 몰입과 경탄의 순간!

★
★★ **몰입:** 깊이 파고들거나
빠지는 것.

★
★★ **경탄:** 몹시 놀라며
감탄하는 것.

그 한순간의 마법을 위해
마술사는
수없이 연습하고, 또 연습해야 한다.

관객들의 눈보다 더 빠른 손놀림,
사람들의 마음을 움직이는 기술,
창의적이고 예술적인 감각이
완벽하게 자기 것이 될 때까지.

그 가르침을 전해 주기 위해 스승은 엄격했고
그 가르침을 전해 받기 위해 제자는 최선을 다했다.
4년 후, 제자 최현우는 스승에게 큰 기쁨을 안겨 준다.

영국에서 열린 '국제마술협회 경연 대회'
클로즈업 마술 부문에서 당당히 우승!
신문 기사를 접한 부모님도 그제야 아들을 인정했다.

프로 마술사로 화려하게 첫발을 내디딘 최현우.
이제부터 그가 풀어야 할 과제는
자신만의 독창적인 마술 세계를 창조해 내는 것.

그는 모든 걸 거꾸로 하는 청개구리처럼
고정 관념을 깨 보기로 했다.

그는 여느 마술사와 달리 연미복 대신 청바지를 입었고
마술사라면 누구나 지키는 서스톤의 3원칙도 깼다.

서스톤의 3원칙은 이랬다.
하나, 마술의 비밀을 이야기하지 않는다.
둘, 같은 사람에게 같은 마술을 두 번 반복하지 않는다.
셋, 마술의 결과를 미리 말해서는 안 된다.

하지만 그는 완전히 반대로 했다.
"자, 이제부터 동전이 사라지도록 하겠습니다."
마술을 보여 주기 전에 미리 결과를 말했고,
같은 마술을 또 보여 달라는 요청에
주저 없이 반복했다.
물론 더 신기하게 동전을 사라지게 했다.

그렇게 원칙을 깨니,
사람들이 훨씬 재미있어 했다.

"마술의 원칙은 정해져 있는 게 아니라
스스로 만들어 가야 한다는 사실을
그때 깨달았어요."

마술에는 여러 종류가 있다.
커다란 물체를 나타났다 사라지게 하는 일루전 마술
사람들의 마음을 읽어 내는 멘탈 마술
카드나 동전 같은 작은 소품을 이용하는 클로즈업 마술
무대 위에서 화려하게 펼치는 스테이지 마술

그중에 최현우의 특기는 바로 클로즈업 마술.
우리나라에서 이 마술을 전문으로 하는 사람은 그가 처음이었고,
현재 그의 마술은 세계적으로 인정받고 있다.

"처음엔 동전이나 카드로는 성공할 수 없다며
주위 사람들이 많이 걱정하고 반대했죠.
그때 이흥선 선생님만은 격려해 주셨어요.
'다른 사람들이 가지 않는 길을 간다면
최고가 될 수 있다.'고 하셨죠."

그는 요즘도 하루에 10시간씩 연습한다.
매일 연습하지 않으면 실력이 떨어지기 때문.

"마술사는 손이 중요해요.
제 손은 마술을 하기엔 터무니없이 작죠.
게다가 손가락 사이에 틈이 있으면 안 돼요.
그래서 3년 정도 고무줄을
손가락에 감고 다녔어요."

그토록 뜨거운 열정을 쏟아부으며
마술사 최현우는
누군가에게 꿈과 희망을 줄 수 있는 마술,
불가능을 가능하게 하는 마술을 꿈꾼다.

세계적인 마술사에는 누가 있을까요?

＊ 데이비드 카퍼필드

미국의 마술사로, 열두 살 때부터 마술을 시작했다고 해요. 관객들 앞에서 자유의 여신상을 사라지게 했고 만리장성을 맨몸으로 통과했으며 나이아 가라 폭포에서 떨어져 살아남는 마술로 전 세계 사람들의 인기를 한 몸에 받았지요.

＊ 릭 토마스

'최고의 일루전(환영) 마술사'로 불리는 릭 토마스는 사람의 몸을 절단하 거나 분리시키고, 공중으로 붕 떠오르게 만드는 마술을 하는 것으로 유명 해요. 마술사들의 '꿈의 무대'인 라스베이거스에서 10년 넘게 자신의 이 름을 내건 마술 쇼를 열고 있지요.

마술사가 되고 싶다고요?

많은 사람들 앞에서 마술 공연을 펼쳐야 하기 때문에 적극적이고 쾌활한 성 격이면 좋아요. 오랜 기간 마술을 연습해야 하니까 끈기가 있어야 하지요. 또 남들과 다른 독특한 마술을 보여 주려면 창의적이고 예술적인 감각이 필요 하답니다. 마술사가 되는 데에는 특별한 학력이나 자격 제한이 따로 없어요. 마술 학원이나 한국마술협회 등에서 마술을 배울 수 있고, 유명한 마술사의 제자로 뽑히거나 마술 대회에서 상을 받으면 마술사로 활동할 수 있지요.

무대 공연과 관련된 직업이 궁금하다고요?

* 공연 기획자

공연 기획자는 콘서트, 뮤지컬, 연극, 무용 같은 공연을 기획해서 무대에 올리는 일을 해요. 또 많은 사람들이 공연에 대해 알 수 있도록 홍보하고, 멋진 공연이 펼쳐지도록 모든 과정을 책임지고 진행하지요.

* 무대 감독

연출가가 공연자를 지휘한다면, 무대 감독은 미술과 조명, 음향 등 무대 위에서 벌어지는 모든 일을 진행해요. 무대 기술에 대한 지식이 풍부하고, 같이 일하는 사람들을 원만히 이끌어 나갈 수 있는 리더십을 갖춰야 하지요.

* 서커스 단원

서커스 단원은 공중 그네, 횃불 통과하기, 줄타기 등 다양한 곡예와 신기한 동물 묘기로 사람들을 즐겁게 해요. 곡예나 묘기를 배우려면 시간이 많이 걸리므로 끈기와 함께 서커스에 대한 열정이 무엇보다 필요해요.

* 인형극 배우

인형극 배우는 인형극에서 줄이나 막대, 또 신체의 일부분을 이용해 인형을 조종하며 대사를 해요. 주로 인형 극단의 연수생으로 들어가 기술을 익히는데, 인형 조작뿐 아니라 인형 디자인까지 하는 경우도 있어요. 손재주가 좋고, 인형극에 대한 열정과 상상력, 감수성이 뛰어나면 도움이 많이 되지요.

가위로 멋진 삶을 다듬는 아티스트

👤 헤어 디자이너 **비달 사순**

★ 가위 하나로 독창적인 헤어스타일을 창조한다

헤어 디자이너는 단순히 머리카락을 자르거나 예쁘게 꾸며 주는
것에 머물러서는 안 된다. 고객의 외모와 분위기, 성격, 그리고
원하는 스타일을 정확히 파악해서 그에 가장 잘 어울리는
헤어스타일을 창조해야 한다. 그러려면 어떻게 해야 할까?

헤어스타일이 바뀌면
사람의 인상도 달라질까?

인상: 어떤 대상에 대해
마음속에 새겨지는 느낌.

미국 예일 대학교의 한 연구팀이
첫인상과 헤어스타일의 상관관계에 대해 분석했다.

상관관계: 한쪽이 변화하면
다른 한쪽도 변화하는 관계.

그 결과는 '대단히 그렇다!'였다.

어떤 헤어스타일을 하느냐가
그 사람의 인상과 이미지를 결정하는 데
중요한 영향을 미친다는 것.

그런데 우리 시대 최고의 헤어 디자이너 비달 사순은
헤어스타일이 사람의 인상뿐 아니라
인생까지 바꿀 수 있다는 걸 보여 주었다.

 나에게 가장 잘 어울리는 헤어스타일은 어떤 것인가요?

그 이름만으로도
전 세계 헤어 디자이너들의
선망과 존경의 대상이 되는
비달 사순.

선망: 많이 부러워하면서 자신도
그렇게 되기를 바람.

그는 영국 런던의 빈민가에서
불우한 어린 시절을 보낸다.
그리고 어려운 집안을 돕기 위해
열네 살 때, 어머니의 손에 이끌려
미용실에 취직하게 된다.

불우하다: 살림이나 형편이
어렵고 딱하다.

"처음엔 바닥 청소부터 했어요.
손님들 머리를 감길 수 있었던 것도
한참 시간이 흐른 뒤였죠."

미용실에서
독한 파마 약 냄새를 맡으며
몇 시간씩 뜨거운 열기구를 뒤집어쓰고 있는
여성들을 지켜보면서
그는 혼자 생각하곤 했다.

'저렇게 고생스럽게
헤어스타일을 만들어야 할까?
좀더 쉽게 머리를 다듬을 수 있는
방법은 없을까?'

1954년, 스물여섯 살의 비달 사순은
고향인 런던 메이페어에서
자신의 헤어 살롱을 열었다.

그 시대 여성들의 헤어스타일은
크게 틀어 올린 올림머리거나
구불거리는 파마머리였다.
그 헤어스타일을 유지하려면
여성들은 오랜 시간 헤어 롤러와
스프레이, 머리핀과 씨름해야 했다.

어느 날 그는
머리를 물로 적신 뒤
가위로 자르기만 하면 끝나는
독창적인 헤어스타일을 떠올렸다.

인위적인 과정이나 지나친 꾸밈 없이
그저 가위 하나로
단순하면서도 멋진 스타일을
만들어 내는 것!

★
★★ **인위적:** 자연의 힘이 아닌
사람의 힘으로 하는 것.

이 발상이
혁명적인 단발 커트,
일명 '사순 커트'의 시작이었다.

머리 만지는 일을
디자인으로 생각한
비달 사순은
기하학적인 모양의 짧은 머리
보브 커트를 선보인 것이다.

사순이 새롭게 만든 헤어스타일은
간편하고 손질하기 쉬웠기 때문에
헤어스타일의 변화뿐 아니라
여성들의 생활에도
큰 변화와 자유를 가져다주었다.

사순의 짧은 머리는
시대의 조류였던
'여성 해방'의 흐름과 맞아떨어지면서
세계적인 반향을 불러일으켰다.

★
★★ **조류:** 시대 흐름의
경향이나 동향.

★
★★ **반향:** 세상에 영향을 미쳐서
반응을 일으키는 것.

수많은 여성들이 사순 커트 머리에
미니스커트를 입고 거리를 활보했다.

"가위로 머리를 조각하는 것은
예술 양식이다."

하나의 건축물로
도시의 모습을 완전히 바꾸어 놓듯이
훌륭한 헤어 디자인은
한 사람의 모습을 완전히 바꿔 놓을 수 있다.

그리고 가장 잘 어울리는 아름다움을 찾아내
하나의 작품으로 완성시킨 헤어스타일은
외모와 스타일뿐 아니라 삶까지 변화시킨다.

"모든 이에게 멋진 헤어스타일을!"

그렇게 외쳤던 비달 사순의 꿈은
여전히 모든 헤어 디자이너들의 꿈이다.

헤어 디자이너가 되고 싶다고요?

헤어 디자이너는 머리 감기부터 자르기, 파마하기, 염색하기, 드라이하기, 마사지하기까지 손으로 익혀야 할 기술이 많기 때문에 손재주가 좋아야 해요. 그리고 미용실에서 보조로 일하며 필요한 기술을 익히려면 3년에서 10년 정도 오랜 시간이 걸리므로 끈기가 있어야 하지요. 또한 고객을 상대로 다양한 서비스를 제공하고 여러 명의 미용사와 함께 일해야 하기 때문에 의사소통 능력과 협동심이 필요하고, 장시간 서서 일할 수 있으려면 강한 체력도 지녀야 해요.

학교와 전문 학원에서 미용기능사 자격증을 따거나 미용실에서 보조 미용사로 일하면서 경험을 쌓고 나면 개인 미용실이나 호텔, 예식장 등에 취업할 수 있어요. 실력이 더 좋아지면 미용실을 직접 운영할 수 있지요.

미용과 관련된 직업이 궁금하다고요?

✱ 두피 및 두발 관리사

불규칙한 식습관과 지나친 스트레스, 환경 오염 등으로 탈모나 비듬, 가려움증이 생겨 고생하는 사람이 점점 늘어나고 있어요. 두피 및 두발 관리사는 이러한 문제를 전문적으로 해결해 주는 사람이에요. 두피모발관리사 자격증을 딴 후 주로 피부 관리실이나 두발 제품 회사, 약국, 병원 등에서 일해요. 경력이 많이 쌓이면 자신의 전문 숍을 운영할 수 있지요.

✳ 네일 아티스트

네일 아티스트는 손끝부터 팔꿈치에 이르
는 부분을 건강하고 아름답게 가꿔 주는 일
을 해요. 손톱 주변의 지저분한 굳은살을 없
애고 손톱을 윤기 나게 마사지하며, 손톱에 색깔과 무늬를 입히거나 인조
손톱 등을 붙여 예쁘게 꾸미지요. 고객에게 어울리는 모양으로 손톱을 꾸며
야 하기 때문에 손재주가 좋고 패션 감각이 뛰어난 사람에게 알맞아요.

✳ 메이크업 아티스트

메이크업 아티스트는 배우나 탤런트, 모델 등의 화장을 담당하는 사람으
로 영화와 잡지, 텔레비전, 패션쇼, 광고, 콘서트, 연극 등 다양한 분야에서
일해요. 화장품과 피부에 관한 지식을 갖추어야 하고, 사람마다 다른 얼굴

형과 분위기에 맞춰 메이크업을 할 수 있는 응
용 능력이 아주 중요하지요. 또 오랜 시간 일
해도 쉽게 지치지 않는 강한 체력도 필요해요.

✳ 에스테티션

에스테티션은 '피부 미용사'라고도 하는데, 얼굴 마사지는 물론이고 온몸
의 피부를 탄력 있고 아름답게 가꿔 주는 일을 해요. 요즘에는 탈모와 다
이어트, 메이크업에 관한 상담과 관리까지 해 주는 경우가 늘어나고 있기
때문에 좀더 폭넓은 지식을 쌓아야 해요.

✳ 다이어트 프로그래머

다이어트 프로그래머는 건강이나 미용을 위해 체중을 조절할 수 있도록 프
로그램을 설계하고 관리해 주는 일을 해요. 고객의 체중과 신장, 체지방, 기타
신체의 균형 상태를 측정하여 그에 적합한 다이어트 프로그램을 짜 주지요.

꽃으로 세상을 장식하는 꽃 디자이너

👤 플로리스트 폴라 프라이크

★ 한 송이 꽃에서 표정과 아름다움을 찾아낸다

예쁘고 싱그럽고 향기로운 꽃, 보기만 해도 행복해지는 꽃.
그 어여쁜 꽃에 파묻혀 하루 종일 일할 수 있다면 얼마나 좋을까?
아름다운 꽃으로 사람들을 기쁘게 할 수 있다면 얼마나 좋을까?
이런 꿈과 소망이 있다면 플로리스트에 도전해 보자.

꽃 장식의 기본은
서로 어울리는 꽃을 모아
아름답게 보이도록 꾸미는 것.

그런데 이 기본에 머물지 않고
기발한 착상을 해 보면 어떨까?

기발하다: 유달리
재치가 뛰어나다.

꽃병 대신 수박이나 양배추에 꽃을 꽂는다면?
파 줄기로 꽃다발을 감싸 준다면?
아홉 가지 색깔의 꽃을 함께 배열한다면?
오렌지를 썰어 넣어 유리 꽃병을 장식한다면?

이 엉뚱한 생각에
과감히 도전해서
세상 사람들을 놀라게 한
세계적인 플로리스트가 있다.

 꽃이 모두 사라진다면 이 세상은 어떻게 변할까요?

그녀는 바로
영국 왕실이 인정한 최고의 실력자
폴라 프라이크.

화려한 색깔과 자유로운 디자인으로
'색채의 마술사'라 불리는 플로리스트.

세계의 왕족과 대통령부터
줄리아 로버츠와 케이트 윈슬렛 같은 할리우드 스타,
루이 비통과 조르지오 아르마니 같은 디자이너들이
앞다투어 그녀의 꽃 작품을 찾는다.

그녀가 처음부터
플로리스트로 활동했던 건 아니다.
첫 직업은 역사 선생님이었다.

어느 날부터 마법에 홀리듯 꽃의 세계에 빠져
플라워 스쿨에 등록했고,
졸업한 후 2년 만에 플라워 숍을 열었다.

"매일 아침 싱싱한 꽃을 보면서
새로운 아이디어를 찾고 에너지를 얻어요.
꽃은 한없는 경이로움을 안겨 주지요."

장미꽃 천 송이가 있어도
한 송이 한 송이
제각각 표정이 다르다.

그래서 플로리스트에겐
한 송이의 꽃에서
그 꽃만의 표정과 아름다움을 알아보고
진정한 교감을 나눌 수 있는
깊고 맑은 마음의 눈이 필요하다.

'꽃'을 의미하는 플라워와
'예술가'를 의미하는 아티스트가
합해진 말뜻 그대로
플로리스트는 '꽃을 다루는 예술가'이다.

하지만 플로리스트는
우아하게 앉아서 예쁜 꽃을 꽂고
멋지게 장식하는 일만 하지 않는다.

날마다 꽃 시장에 가서
싱싱하고 탐스러운 꽃을 구하고,
가시에 찔리고 손이 베이기도 하면서
그 꽃을 다듬고 매만진다.
또 고객이 원하는 디자인을 얻기 위해
수없이 고민을 거듭한다.

플로리스트는

꽃과 나무에 대한 풍부한 지식은 물론

독특한 꽃 디자인을 생각해 낼 수 있는 창의력과

그것을 뒷받침하는 미적 감각이 있어야 한다.

섬세하고 정교한 수작업을 위해서는

집중력 또한 필요하다.

★
★★ **수작업:** 손으로
직접 하는 작업.

꽃을 사랑하는 마음이 없다면

시작하기도 어렵지만,

오래 계속하기는 더 어려운 것이

바로 플로리스트의 일이다.

누군가 폴라 프라이크에게 물었다.

"당신은 어떤 꽃을 가장 좋아하나요?"

"죽기 바로 직전에
가장 아름다운 꽃을 피우는
라넌큘러스를 좋아해요."

"그 까닭은요?"

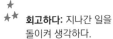 **회고하다:** 지나간 일을
돌이켜 생각하다.

"어딘가 인간적인 냄새가 느껴지는 것 같거든요.
라넌큘러스처럼 생의 마지막 순간에
아름다운 삶을 살았다고 회고할 수 있다면
정말 행복한 사람이 아닐까요?"

꽃 속에서 인생의 의미와 지혜를 찾아내는
플로리스트 폴라 프라이크.
그녀는 전 세계를 다니며 일하는
바쁜 일정 속에서도
사랑하는 이들을 위해
손수 꽃다발을 만들어 선물한다고 한다.

늘 곁에 꽃을 두고
그 꽃으로 사람들을 기쁘게 해 주는
플로리스트만이 누릴 수 있는
소박하지만 향기롭고
아름다운 행복이 아닐까.

세계적인 플로리스트에는 누가 있을까요?

★ 재인 패커

영국 출신의 세계적인 플로리스트로, '마크와 스펜서 가든 플라워 쇼'에서 골드 메달을 수상했어요. 그녀의 꽃 작품은 영국 왕실은 물론 각종 영화제와 패션쇼를 장식하는 등 최고의 인기를 누렸지요.

★ 카트린 뮐러

프랑스를 대표하는 플로리스트로, 열여섯 살의 어린 나이부터 플로리스트로 활동했어요. 카르티에와 샤넬, 루이 비통 등 명품 브랜드 행사와 카타르 왕실의 결혼식 꽃 장식을 맡으며 세계적으로 이름을 날렸고, 2005년엔 자신의 플라워 스쿨인 '에콜 아티스틱 드 카트린 뮐러'를 열었어요.

플로리스트가 되고 싶다고요?

플로리스트는 꽃과 식물을 보기 좋게 꾸미는 일을 하기 때문에 미적 감각이 꼭 필요해요. 다양한 목적에 따라 매번 새로운 꽃 작품을 생각해 내려면 창의력도 있어야 하지요. 그런데 플로리스트는 꽃을 장식하는 일뿐만 아니라 꽃과 식물이 시들지 않도록 잘 관리하는 일도 하므로 꽃과 식물의 종류 및 재배법, 관리법 등에 관해 깊이 있게 공부해야 해요. 학교나 전문 학원, 문화 센터 등에서 플로리스트 교육을 받을 수 있어요.

꽃과 관련된 직업이 궁금하다고요?

✳ 분재 재배 관리자

분재 재배 관리자는 작은 화분에 나무를 심어서 기르는 일을 해요. 화분 속의 나무를 들판이나 산에서 자라는 것처럼 자연스럽게 길러야 하기 때문에 무엇보다 정성과 끈기가 필요해요. 전문가가 되려면 5~10년 정도 꾸준히 공부하면서 실제 경험을 쌓아야 하지요.

✳ 조경사

조경사는 어떤 꽃과 나무를 어떤 자리에 심을지, 또 어떤 장식물을 함께 설치하면 좋을지를 계획하고 진행해요. 따라서 흙의 성분을 이해하고, 계절의 변화와 정원의 환경을 잘 파악해야 하지요.

✳ 토피어리 디자이너

토피어리 디자이너는 물이끼와 여러 식물을 이용해 갖가지 동물이나 새, 캐릭터 모양으로 장식물을 만들어요. 고객과 상담하여 어떤 작품을 만들지 결정하고 나면, 디자인에 따라 녹슬지 않는 철사로 모형 틀을 제작하지요. 그리고 표면을 물이끼로 덮고 식물을 심어서 멋진 작품을 완성한답니다.

✳ 원예 치료사

원예 치료사는 꽃과 나무를 심고 가꾸는 원예 활동을 통해 정신적, 육체적, 사회적으로 어려움을 겪고 있는 사람들이 건강하고 편안해지도록 돕는 일을 해요. 따라서 원예학에 대한 지식과 함께 상담심리학과 사회복지학, 간호학 등 다양한 분야를 이해하고 활용할 수 있어야 해요.

4부

새로운 세상,
미래의 유망 직업

행복한 웃음을 처방하는 의사

웃음 치료사 이루리*

★ 생활 속에서 웃음의 소재를 찾는다

스트레스와 불안, 갈등으로 힘들어하는 많은 사람들.
웃음 치료사는 그들이 웃음을 통해 기쁨과 즐거움,
자신감과 건강을 되찾을 수 있도록 도와준다.
웃음으로 행복을 전하는 웃음 치료사에 대해 알아보자.

나는 날마다 웃으러 간다.

콸콸 쏟아져 내리는 폭포수처럼 시원하게 "우하하하!"
짓궂은 개구쟁이 꼬마처럼 귀엽게 "히히히히!"
소심한 부끄럼쟁이 소녀처럼 수줍게 "호호호호!"
약 올리고 도망치는 말썽쟁이처럼 발랄하게 "키키키키!"
아무도 몰래 나 혼자 입을 가리고 살며시 "쿠쿠쿠쿠!"

길을 걷다가도 푸하하
밥을 먹다가도 헤헤헤
잠을 자다가도 낄낄낄

날마다 웃으러 가는 나는 이루리,
날마다 내가 하는 일은 웃음 치료.

내 머릿속은 언제나
신나고 즐거운 웃음소리로 가득하다.

 나는 하루에 몇 번이나 웃을까요? 그리고 어떨 때 웃나요?

웃음 치료사는
사람들을 웃게 만들어서,
그 웃음으로
마음을 기쁘고 행복해지도록
몸을 건강하고 상쾌해지도록
도와주는 일을 한다.

점점 더 빠르게 변화하는 사회,
점점 더 복잡해지는 생활 속에서
스트레스를 받으며 힘들어하고
웃음을 잃고 불행해하는 사람들에게
한바탕 웃음으로 기쁨과 행복과 건강을
되찾아 주는 일을 하는 것이다.

웃음 치료의 원리는 간단하다.

행복해서 웃는 것이 아니라

자꾸 웃다 보면 행복해진다는 것.

UCLA 대학 병원의 프리드 박사는 말한다.

"매일 45분씩 웃으면

고혈압을 치료할 수 있습니다.

웃는 동안 혈관이 이완되기 때문이지요."

★
★★ UCLA: 미국 캘리포니아 주
로스앤젤레스에 있는
캘리포니아 대학교 캠퍼스.

★
★★ 고혈압: 혈압이 정상
수치보다 높은 증상.

18년간 웃음을 의학적으로 연구한 리버트 박사는 말한다.

"웃음을 터뜨리는 사람의 피를 뽑아 분석한 결과,

암세포를 공격하는 세포가 활발히 움직였습니다."

미국의 유명한 심리학자인 폴 에크먼 박사는 말한다.

"특정한 감정 표현을 흉내 내면 몸도 반응한다."

특별히 기쁜 일이 없어도

입꼬리를 올리고 활짝 웃다 보면

기분도 저절로 좋아진다는 것.

내가 웃음 치료사가 된 것도
웃음 치료의 효과를
내 몸으로 직접 경험했기 때문.

불면증과 우울증으로
하루하루가 힘겨웠던 어느 날,
웃음 치료 교실, 웃음 스쿨, 웃음치료협회 등
웃음 치료를 하는 곳들을 알게 되었다.

나는 용기 내어 웃음 스쿨을 찾았고,
그날부터 내 운명이 바뀌었다.

처음엔 일부러 웃음 동작을 만들어 웃는 게 어색했다.
하지만 하하하, 호호호, 껄껄껄, 깔깔깔, 낄낄낄
자꾸 웃고 웃다 보니, 기분도 좋아지고 몸도 상쾌해졌다.
그리고 나도 모르게 자신감이 생기면서
무슨 일이든 잘 해낼 수 있을 것만 같았다.

'이 기분 좋은 웃음을
나만 즐길 수는 없지.
나도 누군가에게 웃음을 줄 수 있는
행복 전도사, 웃음 치료사가 되면 어떨까?'

웃음 치료사가 되기로 결심한 나는
6개월 동안 여러 곳에서 웃음 치료를 배웠다.
그리고 웃음 치료사 자격증도 땄다.

드디어 웃음 치료를 하던 첫날,
그 가슴 떨리던 순간의 긴장감이란!

"양손을 주먹 쥔 다음, 얼굴에 갖다 대세요.
그런 다음 '하나, 둘, 셋' 하면
양손을 활짝 펼치고
'나 이뻐?'라고 말하면서
크게 웃는 거예요.
자, 저를 따라 해 보세요!"

웃음 치료 교실을
한 번, 두 번, 세 번…….
거듭하면 할수록
실력도 쑥쑥, 인기도 쭉쭉
날로 높아져 갔다.

지금 내가 웃음 치료사로 일하는 곳은
배꽃 복지 센터와 해나라 대학 병원.
그곳에서 나를 기다리는 분들만 해도
무려 200명이 넘는다.
그리고 나를 만나는 분들의 얼굴마다
웃음꽃이 활짝 피어난다.

나는 그분들을 위해 쉼 없이
새로운 웃음, 기분 좋은 웃음을
찾아내느라 바쁘다.

나만의 웃음 만들기 노하우는 평범하고 단순하다.
생활 자체를 웃음의 소재로 만드는 것.

엘리베이터를 탈 때면 한 층 한 층 올라가면서
헤헤헤, 후후후, 끼득끼득, 까르륵까르륵
층마다 새로운 웃음소리를 만들어 낸다.
위층으로 올라갈수록 밝고 경쾌한 웃음으로.
아래층으로 내려갈수록 무겁고 굵은 웃음으로.
이때 몸동작도 같이 곁들여 주면 더욱 좋다.

그리고 웃음 치료도 질병을 치료하는 것인 만큼
웃음 치료의 임상 연구 결과를 밝힌
국내외 논문과 자료를 구해서
과학적이고 의학적인 원리와 기법을
끊임없이 공부하고 익혀야 한다.

만나는 사람들마다 내게 묻곤 한다.
"어떻게 웃는 게 가장 좋나요?"
그럼 나는 이렇게 대답한다.

"크고 자신 있게
뜨겁고 신나게
활짝 웃으세요!"

날마다 웃으러 갈 수 있고
날마다 웃는 사람들과 함께할 수 있고,
그래서 날마다 더 즐거워지는 웃음 치료사.
나는 이 일을 하게 되어 참 행복하다.

14 **숲에서 만나는 건강 전도사**

👤 산림 치유 지도사 **강푸름***

★ 숲과 식물, 건강 관련 지식을 꾸준히 공부한다

회색빛 건물, 소음으로 시끄러운 거리, 바쁘게 돌아가는 하루하루.
도시의 삶은 가만히 있어도 사람들을 지치게 만든다. 그 지친 삶을
숲의 향기로 어루만지고 치료해 주는 사람이 바로 산림 치유 지도사.
산림 치유 지도사는 어디서 어떻게 일할까?

"숲길을 걷는 것만으로
우리의 몸과 마음은 건강해집니다.
오늘 하루 숲의 향기를 흠뻑 맡으며
숲과 대화를 나눠 보세요."

가족과 함께 '치유의 숲' 체험 프로그램에 참가한 새미.
강푸름 산림 치유 지도사의 안내를 받으며 숲길을 걷는다.

전나무, 참나무, 물푸레나무, 자작나무가

울창하다: 나무가 빽빽하게
우거지고 푸르다.

다양하게 어우러져 있는 울창한 숲과

촘촘한 나뭇잎 사이로 스며드는 한 줄기 햇빛,

다정하게 귓가를 맴도는 맑은 새소리.

느릿느릿 걷다 보니, 계곡의 물소리와
바람 소리가 더 또렷하게 들려온다.

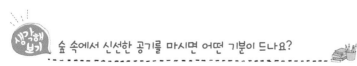

생각해 보기 숲 속에서 신선한 공기를 마시면 어떤 기분이 드나요?

"숲은 여러 생명이 모여 사는 우주예요.
자연의 법칙 안에서
서로 조화를 이루며 살고 있죠.
숲에 사는 수많은 생명과 우리가
하나로 연결되어 있음을 느껴 보세요."

강푸름 산림 치유 지도사는
사람들과 함께 숲길을 걸으며
풀과 꽃과 나무의 이름도 알려 주고

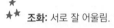
조화: 서로 잘 어울림.

그것을 온몸으로 느끼게 이끌어 주었다.
코로 풀 향기를 맡아 보게 하고
눈으로 꽃을 자세히 관찰해 보게 하고
귀로 숲 속의 온갖 소리를 듣게 했다.

산림 치유 지도사는
숲이 지닌 힘과 아름다움을 통해
사람들의 지친 몸과 마음을
회복시켜 주는 일을 한다.

따라서 숲에서 자라는
풀과 꽃과 나무에 대한 생물학적 지식과
그것이 사람에게 미치는 영향에 대해
정확히 알고 있어야 한다.

또 숲을 찾는 사람들의
건강 상태를 체크하고,
그에 맞는 올바른 숲 이용법을
친절하게 알려 주어야 한다.

새미는 산림 치유 지도사가 가르쳐 주는 대로
삼림욕 체조, 맨발 걷기, 자연물과 인사하기,
숲 명상, 낮잠 즐기기, 트리 허그 등
다양한 숲 치료 프로그램을 체험했다.

★
★★ **트리 허그:** 1분 이상
나무를 안아 주는 것.

숲에서 이루어지는 치료 프로그램은
모두 산림 치유 지도사의 손에서 탄생한다.

산림 치유 지도사는 숲의 치유력으로
사람들의 몸과 마음을
건강하게 만들어야 하기 때문에
명상, 기체조, 풍욕, 호흡법 등
건강법에 대해서도 잘 알아야 한다.

강푸름 산림 치유 지도사는
숲의 효과에 대해 이렇게 말했다.

"숲은 자연이 선사해 준
종합 병원입니다.
의사도, 수술도 없이
자연이 치유해 주는
아름다운 종합 병원!"

얼굴에 가득 차 있는 환하고 밝은 웃음과
행복한 건강 전도사라는 뿌듯함이
새미에게도 고스란히 전달되었다.
새미는 마음속으로 다짐했다.
'나도 이다음에 크면
산림 치유 지도사가 될 테야.'

맑고 싱그러운 숲 속에서
녹색 에너지를 충분히 받아들여
몸과 마음이 건강해지도록
도와주는 산림 치유 지도사.

이미 독일에선 자연 요법 크나이프를 통해,
일본에선 삼림 테라피를 통해
숲 치유 전문가들이 왕성하게 활동하고 있지만,
우리나라는 이제 막 첫걸음을 떼기 시작했다.

그만큼 산림 치유 지도사를 필요로 하는 곳도,
해야 할 일도 많다는 것.

점점 더 복잡해지고

점점 더 빠르게 변화하는 사회 속에서

점점 더 많이 힘들어하는 사람들.

산림 치유 지도사는

치유의 숲에서, 자연 휴양림에서,

숲길에서, 삼림욕장에서

우리에게 숲의 생명력을 전해 줄 것이다.

더 좋은 서비스를 찾아내는 비밀 탐정

👤 미스터리 쇼퍼 **김미소**[*]

★ 꼼꼼하게 관찰하고 정확하게 조사한다

고객에 대한 서비스가 점점 더 중요해지면서 새롭게 주목받기 시작한
미스터리 쇼퍼. 최근 백화점을 비롯한 각종 판매 업체, 병원, 항공사 등에서
미스터리 쇼퍼를 활용해 직원 평가는 물론이고 제품의 질과 서비스를 조사하려는
경우가 늘고 있다. 미스터리 쇼퍼가 하는 일은 과연 무엇일까?

"띠링!"

휴대폰에 문자 메시지가 들어온다.

미스터리 쇼퍼 미소가 곧바로 휴대폰을 확인한다.

"오늘의 조사 일정은

진달래 백화점의 의류 매장 '꽃나래 패션',

오후 2시부터 3시까지 완료하기."

미스터리 쇼핑의

제1원칙은 철저한 시간 엄수와 준비.

★
★★ **엄수:** 명령이나 약속 등을
어김없이 지킴.

아직 여유가 많긴 하지만

미소는 메모지와 필기구, 녹음기, 휴대폰을

가방에 챙겨 넣는다.

 친절한 서비스를 받으면 어떤 기분이 드나요?

미스터리 쇼퍼는
고객처럼 매장을 방문해서
매장 분위기와 직원의 서비스 수준,
상품에 대한 지식 등을
몰래 평가하는 일을 한다.

미스터리 쇼퍼에겐 미리 시나리오가 주어진다.
시나리오란 매장에 가서
무엇을 어떻게 조사해야 할지
사전에 자세히 계획해서 알려 주는,
일종의 체크리스트를 말한다.

★
★★ **체크리스트:** 여러 기준에 대한
질문을 적어 놓은 검사용 표.

오늘 미소가 받은 시나리오는
부모님에게 선물할 옷을 사면서
매장 직원들의 서비스를 살펴보는 것.

미소는 백화점의 의류 매장으로 가는 동안
머릿속으로 조사해야 할 항목을
차근차근 떠올려 본다.

매장에 갔을 때, 직원이 반갑게 맞이하는가?
직원의 복장과 용모는 단정한가?
상품은 보기 좋게 잘 진열되어 있는가?
고객이 원하는 옷을 잘 골라 주는가?
고객이 불만을 표시했을 때 어떻게 대응하는가?
계산이 끝난 후 친절하게 인사를 하는가?

미스터리 쇼퍼 미소는
매장에 들어설 때부터 나올 때까지
하나하나 꼼꼼하고 세심하게
관찰하고 조사해야 한다.

미스터리 쇼퍼로 일한 지
10개월밖에 되지 않은 미소.
마치 탐정이 된 것 같은 스릴도 느끼지만
그만큼 떨리고 긴장되기도 한다.
하지만 절대로 떨거나 어색하게 보여선 안 된다.
진짜 고객인 것처럼 자연스럽게 행동해야 한다.

만약 매장 직원에게 들킨다면
그 순간 미스터리 쇼핑은 끝!
얼른 매장을 빠져나와야 한다.

다행히 미소는 아주 활동적인 데다
사람들과 편하게 이야기를 주고받는 성격이라
미스터리 쇼퍼로선 더할 나위 없이 안성맞춤이다.

미스터리 쇼퍼는
세밀한 관찰자이자
역할 연기자가 되어야 한다.

음식점에 가면 숟가락을 바꿔 달라고 해 보고
옷 가게에 가면 옷을 슬쩍 떨어뜨려 보기도 하고
편의점에 가면 영수증 금액이 틀렸다고 따져 본다.
그러면서 매장 직원이 어떻게 행동하는지
꼼꼼하고 정확하게 평가해야 한다.

순발력: 순간적으로 판단해
말하거나 행동하는 능력.

또 미리 주어진 시나리오에는 없지만
그때그때 벌어지는 상황에 맞춰 행동하면서
고객들이 궁금해할 만한 점을
다양하게 알아보는 순발력도 발휘해야 한다.

그런데 미스터리 쇼퍼가
항상 잊지 말아야 할 것이 있다.

미스터리 쇼핑을 통해
단순히 직원들 개개인의 잘못을
지적하는 것이 아니라,
그 매장을 좀더 성공적으로
운영할 수 있도록
공정하고 객관적인 눈으로
평가하는 것이다.

★★ **운영하다:** 조직이나 사업체
등을 경영하다.

따라서
자기감정에 치우쳐 주관적으로 평가하거나
불성실하게 대충대충 관찰해서는 안 된다.

★★ **주관적:** 자기의 견해나 관점을
바탕으로 하는 것.

예를 들어

직원이 친절하게 인사를 했을 경우,

"처음부터 끝까지 친절하게 대해 줘서

기분이 참 좋았다."가 아니라

"매장에 들어가자 밝게 웃으며 인사했고,

빠르고 정확하게 계산을 마친 후

배웅할 때도 미소 띤 얼굴로 인사함."이라고

해야 하는 것이다.

이렇게 객관적인 표현으로

관찰하고 평가하고 기록해야

그것이 매장의 서비스 수준과

고객 만족도를 향상시키는 데

도움이 되기 때문이다.

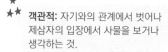

★★★ **객관적:** 자기와의 관계에서 벗어나
제삼자의 입장에서 사물을 보거나
생각하는 것.

진달래 백화점의 꽃나래 패션 매장에서
미스터리 쇼핑을 마친 미소는
보고서를 작성하고 있다.
보통 보고서는 그날 안에 쓰는데,
매장을 평가할 때 기억해 놓았던 것을
잊어버리기 전에 기록하기 위해서다.

미소는 70여 개가 넘는 항목으로 이루어진
체크리스트에 자신의 생각을 담아
하나하나 정성껏 점수를 매겼고,
꼼꼼하게 관찰한 것과 새로운 아이디어도
보고서에 담기 위해 애썼다.

보고서를 쓰는

미소의 입가에 환한 미소가 계속 감돈다.

3개월 전, 꽃나래 패션 매장을 조사한 후

지적했던 불편 사항이 거의 다 개선되었기 때문이다.

게다가 친절 직원으로 추천했던 조아라 씨가

평사원에서 대리로 승진했다.

남모르게 활동해야 하는 미스터리 쇼퍼.

하지만 고객에 대한 서비스 수준도 높이고

회사도 성공하게 도울 수 있으니

뿌듯함과 자긍심이 절로 생긴다.

"띠링!"

다시 휴대폰에 문자 메시지가 들어온다.

내일의 미스터리 쇼핑 목적지는 하얀 병원.

미소는 벌써부터 가슴이 설렌다.

16 파티의 모든 것을 이끌어 가는 지휘자

👤 파티 플래너 **나정원**[*]

★즐거운 파티를 위해 열정을 쏟는다

특별한 날을 더욱 돋보이게 하는 건 역시 특별한 파티.
그럼 나만의 특별한 파티를 준비하려면 어떻게 해야 할까?
이런 고민이 들 때 도움을 줄 수 있는 사람이 바로 파티 플래너.
신나고 멋진 파티 플래너의 세계로 떠나 보자.

크리스마스가 열흘 남았다.
특별한 크리스마스를 보내고 싶은 수영이는
멋진 크리스마스 파티를 직접 준비하기로 했다.

내가 직접 꾸미는 나만의 파티!

수영이는 정원이 이모를 찾아가
도움말을 듣기로 했다.
이모는 기획에서 마무리까지
파티의 모든 과정을 계획하고 진행하는
파티 플래너로 활동하고 있다.

지금부터 수영이는
이모의 도움을 받아
특별한 크리스마스 파티를 준비하는
파티 플래너가 되어 보려고 한다.

자, 멋진 파티 플래너를 향해 출발!

 가장 기억에 남는 파티는 누구와 함께했던 파티였나요?

파티 플래너가 가장 먼저 할 일은
파티의 주제를 정하는 것.
주제란 '내가 꾸미고 싶은 파티'를 말한다.

"작은 파티라도 주제를 정하면
좀더 풍성한 이야기가 만들어진단다."

주제를 정할 때는
파티를 하는 이유, 초대하는 사람의 취향,
파티 장소와 시간을 고려해야 한다. ★★ **취향:** 무엇인가를 하고 싶은 마음이
생기는 방향이나 그런 경향.

이모는 수영이에게
친구들과 파티를 기획해 보라고 조언했다.
"마음 맞는 친구들과 함께
파티를 기획하다 보면
준비하는 과정이 또 다른 파티라는 걸
알게 될 거야."

주제를 정했다면
이번엔 파티 장소를 어떻게 꾸밀지 계획하기.

"파티 장소를 고를 때는 상상력이 필요해.
매일 생활하는 방이나 부엌이라도
상상력을 더하면 멋진 파티 장소가 되거든."

친구들과 함께 찍은 사진이나 추억의 물건을 이용해
공간을 연출하는 것도 좋은 방법!
수영이는 '눈 내린 숲 속'처럼 꾸며 놓은 자기 방을
머릿속에 그려 보았다.

'창문에는 솜을 붙여 눈 오는 풍경을 연출하고,
책상은 흰색 천으로 덮어 눈 쌓인 언덕으로 만들어야지.'

그런 다음, 파티에서 입을 옷 고르기.
먼저 드레스 코드부터 정해야 한다.

드레스 코드란 파티나 행사에서 정한 복장.
이렇게 옷을 맞춰 입으면
모인 사람들끼리 소속감을 느껴
파티의 즐거움이 더 커진다.

"중요한 점은 '평소와 다르게 옷을 입는 것!'
톡톡 튀는 아이디어와 화려하게 장식한 옷은
파티를 더욱 즐겁고 특별하게 만들어 준단다."

이제는 먹거리인 파티 메뉴 정하기.

"꼭 대단한 음식을
준비할 필요는 없으니까
손으로 꾸미는 재미가 있는
메뉴를 골라서
친구들과 놀이하듯 해 봐.
훨씬 재미있는 시간을
보낼 수 있을 거야."

파티 플래너인 이모의 조언에 따라
샌드위치, 볶음밥, 카나페를
모두 한 입 크기로 만드는
핑거 푸드로 결정.

드레스 코드는 빨강!
음식은 핑거 푸드!

마지막으로 친구들과 놀 거리 준비하기.

"파티 주제와 참가자들의 취향에 맞춰
이벤트를 두세 가지 준비하면 아주 좋단다."

파티 때 빠져서는 안 될 놀이는
바로 사진 찍기.
큰 안경, 모자, 가발 등을 쓰고
장난스럽게 사진을 찍어 보자.
훗날 친구들과 함께 보면서
파티를 추억할 수 있다.

"서로 안 쓰는 물건을 가져와서
물물 교환 이벤트를 열거나
춤과 노래에 재능 있는 친구들의
미니 콘서트를 여는 것도 좋은 방법이지."

드디어 특별한 크리스마스 파티 준비 끝!

자신이 기획한
크리스마스 파티를 상상하며
수영이는 날아갈 듯 마음이 부풀어 올랐다.

크리스마스 파티를 준비해 보니,
수영이는 파티 플래너 일이 흥미롭게 다가왔다.

"이모, 파티 플래너는 정말 파티의 모든 걸 다루네요."

"맞아. 파티 플래너는
파티라는 작품 전체를 디자인하지.
공간 연출에서부터 음식, 의상,
미술과 음악, 고객의 라이프스타일까지
하나하나 챙길 게 많지.
하지만 사람들과 기쁨과 즐거움을
나눌 수 있어 참 행복하단다."

라이프스타일: 생활 양식이라는
의미로, 사람들이 생활하면서
사는 방식을 말한다.

파티는 사람들에게 감동을 주는 시간!
파티는 따뜻한 배려와 사랑이 오가는 자리!
그 시간과 자리를 만들어 가는
파티 플래너의 세계에는
기쁨과 보람이 흐른다.

17 행복한 식탁으로 초대하는 길잡이

👤 레스토랑 비평가 **감미향***

★ 예민한 미각과 풍부한 표현력을 기른다

지금은 바야흐로 맛의 시대. 곳곳에서 음식 이야기가 흘러넘친다.
사람들은 끼니마다 맛있는 음식과 분위기 좋은 식당을 찾아 나선다.
어디 가서 무엇을 먹으면 좋을까? 레스토랑 비평가는 좀더 맛있는 음식,
좀더 색다른 음식 문화를 경험하게 도와준다.
그런데 레스토랑 비평가가 되려면 어떻게 해야 할까?

한입 맛본 음식이
하루 종일 나를 미소 짓게 한다면?

아무리 먼 곳이라도
일부러 찾아가서 먹게 한다면?

상상치 못한 놀라움을 느끼며
즐겁게 먹을 수 있다면?

그건 분명 '행복한 식사'라고 할 수 있다.

최고로 맛난 음식과 멋진 식탁,
특별한 분위기와 친절한 서비스로
사람들에게 행복과 감동을 안겨 주는 곳.
그런 곳을 찾아내 널리 소개하는 것이
바로 미향이 하는 일이다.
이름하여 레스토랑 비평가.

 가장 만족스럽게 먹은 음식은 무엇이며, 왜 만족스러웠나요?

레스토랑 비평가는 음식 비평가와
비슷한 듯 보이지만, 많이 다르다.
음식 비평가는 말 그대로 음식 맛이 좋은지 나쁜지를
평가하는 것이 가장 중요하다.

하지만 레스토랑 비평가는
음식 맛을 평가하는 건 기본이고,
음식이 지닌 고유한 문화와
셰프의 철학을 느낄 수 있는지까지 살펴본다.

더불어, 레스토랑 분위기는 좋은지
직원들의 서비스는 만족스러운지
주방의 식재료 보관은 잘되어 있는지 등
레스토랑에 관한 A부터 Z까지
직접 보고 듣고 체험하면서
하나하나 세심하게 평가한다.

그 역할을 제대로 해내기 위해
미향은 같은 레스토랑을 적어도 서너 차례는 찾는다.
나아가, 몇 년씩 꾸준히 방문해서 그 변화를 추적한다.

레스토랑에 갈 때는
자기 이름이 아닌 가짜 이름으로 예약하고,
음식 맛을 보고 서비스를 받은 뒤에는
다른 손님들과 똑같이 값을 치르고 나온다.
자신이 레스토랑 비평가라는 사실이 알려지면
음식 맛이나 서비스 수준이 달라질 수 있음을 염려해서다.

또 정확한 평가를 위해
가족이나 친구들과 같이 가서
여러 음식을 골고루 시켜 나눠 먹고
다양한 의견을 듣기도 한다.

레스토랑 평가 작업이 모두 끝나면
미향은 자신의 의견을
있는 그대로 솔직하게 쓴다.

레스토랑 비평가는
글을 읽는 독자들이
마치 그 레스토랑에 함께 있었던 것처럼
생생하게 느끼도록 표현할 수 있어야 한다.
그래서 예민한 미각과
날카로운 관찰력뿐만 아니라
풍부하고 섬세한 표현력이 중요하다.

"음식 재료와 요리 과정을 알고
음식에 담겨 있는 의미,
그리고 그것을 만드는 셰프의 마인드와
레스토랑의 분위기를 읽어 내는 것이
제대로 된 레스토랑 비평이죠."

미향은 사실에 충실하면서도
풍부한 정보를 담은 비평을 쓰기 위해
음식의 역사, 각 나라의 식문화와 식탁 예절,
외국어와 전문 용어까지 폭넓게 공부한다.

또 세계 여러 나라의 레스토랑을 다양하게
경험하기 위해 여행도 자주 한다.
그래야만 훌륭한 레스토랑 비평가가 될 수 있다.

레스토랑 비평가에게 무엇보다 중요한 건
공정하고 객관적으로 평가해야 한다는 점.

미향은 레스토랑 비평가로서
기본 원칙을 세우고,
그 원칙을 반드시 지키려 한다.

그녀는 자신의 글이 실리는 매체에서
식사비와 원고료 외에는
어떠한 대가도 받지 않는다.
그래야 소신껏 평가할 수 있기 때문이다.

미향의 평가 점수는

별 1개(나쁨), 별 2개(보통), 별 3개(좋음),

별 4개(아주 좋음), 별 5개(대단히 훌륭함)로 나뉜다.

그런 다음 음식, 분위기, 서비스, 가격 등에 별점을 매겨

레스토랑의 수준을 평가한다.

훌륭한 레스토랑은 음식 맛만 좋아서도,

분위기만 좋아서도,

서비스만 좋아서도 안 된다.

그 모든 것이 조화롭게 어우러져야

추천 레스토랑 목록에 들어갈 수 있다.

우리나라에는 무려 60만 개가 넘는 음식점이 있다.

소득 수준이 점점 높아지고

맞벌이 부부가 계속 늘어나고

독신 가정이 빠르게 증가하면서

외식을 하는 사람들도

그들을 위한 음식점도

더 많이 늘어날 전망이다.

★★ **독신 가정:** 다른 가족 없이 혼자 생활하는 가정.

★★ **외식:** 집에서 직접 해 먹지 않고 밖에서 음식을 사 먹음.

또한 외식 산업의 국제화, 세계화로 인해

그리스식, 아랍식, 북유럽식, 남미식 등

세계 각국의 다양하고 새로운 음식점들이

하루가 다르게 우리 곁으로 다가오고 있다.

★★ **북유럽:** 유럽의 북부 지역. 덴마크, 스웨덴, 노르웨이, 핀란드 등의 여러 나라가 있다.

해외 문화 체험의 폭이 커지고
그만큼 음식 문화 경험의 수준이 높아지면서
개인의 취향은 더욱 까다로워졌다.
그리고 선택의 어려움도 커졌다.
따라서 레스토랑 비평가의 입지는
점점 커질 수밖에 없다.

"같은 값을 내고도
더 맛있고 만족스럽게 식사할 수 있는 곳.
그런 곳을 찾아낼 수 있다면
어디든 언제든 달려갈 준비가 되어 있답니다."

맛으로 세상을 읽고
맛으로 세상과 소통하는
레스토랑 비평가 감미향.
그녀는 오늘도
맛있는 오감 체험과 새로운 발견,

오감: 시각, 청각, 후각, 미각,
촉각의 다섯 가지 감각.

그리고 깊은 감동을 기대하며
레스토랑 문을 열고 들어간다.

☆ 서비스 분야 ☆

미래의 유망 직업에 대해 더 알아볼까요?

✱ 단순화 컨설턴트

앞으로 우리 사회는 점점 더 빠르고 복잡하게 변화할 거예요. 이러한 변화에 잘 적응할 수 있도록 전문적으로 도와주는 사람이 바로 단순화 컨설턴트랍니다. 복잡한 소프트웨어나 기업 시스템에서 가장 중요한 핵심을 찾아내 불필요한 군더더기를 없애 줌으로써 효율적으로 기업을 운영할 수 있도록 해 주지요. 단순화 컨설턴트가 되려면 경영학과 경제학, 산업 공학 등을 공부해야 하고, 기업 조직과 경영의 문제점을 정확하게 파악할 수 있는 분석력과 판단력, 상담자와 원활하게 의견을 나눌 수 있는 사교성과 의사소통 능력, 외국어 실력이 필요해요.

✱ 시간 관리 전문가

하루 24시간은 누구에게나 똑같이 주어져요. 이 시간을 어떻게 다르게 이용하느냐에 따라 삶의 내용이 달라지지요. 시간 관리 전문가는 각종 서류와 전자 우편, 업무 등을 체계적으로 정리해서 시간을 잘 쓸 수 있게 도와주는 일을 해요. 또 가구를 다시 배치하거나 공간을 정리하여 쓸데없이 낭비되는 시간을 줄일 수 있도록 해 주지요. 여러 사람과 같이 일해야 하기 때문에 원만한 대인 관계를 맺을 수 있어야 해요.

✷ 비애 치료사

비애 치료사는 사고와 질병으로 가족과 친구 등 가까운 사람이 죽음을 맞이했을 때, 그 슬픔을 이겨 내고 다시 건강하게 생활할 수 있도록 도와주는 일을 해요. 교통사고를 비롯해 각종 사고와 사건이 증가하고, 노령 인구가 빠르게 늘어나면서 비애 치료사의 중요성은 갈수록 커지고 있답니다. 슬픔을 치유하는 일은 심리 치료의 하나이므로 대학에서 심리학이나 정신 치료학을 공부하면 비애 치료사로 활동하는 데 도움이 많이 되지요.

✷ 소비 생활 어드바이저

소비 생활 어드바이저는 기업이나 소비자 보호 센터 등에서 소비자들의 불만 사항을 듣고, 그것을 신속하게 해결할 수 있도록 도와주는 일을 해요. 또 상품이나 서비스에 대한 소비자들의 의견을 폭넓게 수집해서 파악하는 일도 해요. 소비자들에겐 현명하고 똑똑한 소비를 할 수 있도록 다양하고 유익한 정보를 제공해 주지요. 기업에서 새로운 제품을 개발하면 제품의 성능이나 안정성 등을 테스트하거나 소비자를 대상으로 모니터링하고, 제품 설명서나 각종 자료를 만들기도 해요. 인터넷 쇼핑몰과 홈쇼핑 등 전자 상거래 시장이 빠른 속도로 발전하면서 소비 생활 어드바이저의 역할은 더욱더 커질 전망이에요.

✷ 아웃도어 인스트럭터

실내가 아닌 야외 공간에서 이루어지는 활동을 통틀어서 '아웃도어'라고 해요. 경제 발전으로 소득 수준이 높아지고 주5일제로 여가 시간이 늘어나면서 많은 사람이 야외 스포츠나 레저 활동을 즐기고 싶어 하지요. 특히 고령 인구가 증가함에 따라 건강하고 안전한 야외 활동을 즐기려는 사람은 앞으로 더 많이 늘어날 거예요. 그만큼 아웃도어 인스트럭터의 역할이 중요해지고 있답니다. 아웃도어 인스트럭터는 야외 활동을 안전하게 즐길 수 있는 방법과 전문 기술을 가르쳐 줄 뿐만 아니라, 다양한 야외 활동 프로그램을 기획하고 진행해요. 또 자연 속에서 활동하는 만큼 자연보호의 중요성과 올바른 행동 요령도 알려 주지요.

✳ 문화 매니저

문화 매니저는 주말이나 휴일 등 여가 시간을 알차고 즐겁게 보낼 수 있는 프로그램을 기획하고, 이를 사람들에게 알리고 진행하는 일을 해요. 또 은퇴 후에 남는 시간을 잘 활용할 수 있도록 도움을 주기도 하지요. 개인은 물론이고 가족과 동호회 등을 대상으로 취미나 특기를 발견하고 계발하는 방법에 대해 조언해요. 기업이나 단체 등에서 문화 프로그램이나 복리 후생 등과 관련된 현황을 조사한 다음 예산과 인원수, 목적에 따라 각종 문화 예술 정책을 세우기도 하지요.

✳ 장애인 여행 코디네이터

신체적인 장애를 갖고 있으면 여행을 하고 싶어도 마음대로 쉽게 떠날 수 없어요. 그런데 여행 경험은 장애인들의 생활에 새로운 활기를 불어넣을 뿐만 아니라 삶의 질을 높여 주기 때문에 사회적으로도 아주 의미 있는 일이에요. 이 일을 하는 사람이 바로 장애인 여행 코디네이터랍니다. 고객이 어떤 장애를 갖고 있는지, 장애의 정도는 어떤지를 고려해서 그에 맞는 여행지를 선택해 주어요. 또 안전하고 즐겁게 여행할 수 있도록 이동 수단과 의약품, 목욕 보조, 안심 전화 등 다양한 여행 서비스를 제공하지요.

✳ 실버 플래너

우리나라는 노년 인구가 급속히 늘어나면서 고령 사회로 진입하고 있어요. 그에 따라 행복한 노년 생활을 준비하려는 사람들이 많아지고 있지요.

실버 플래너는 은퇴 후 노년 생활을 좀더 행복하고 건강하게 보낼 수 있도록 도와주어요. 재테크하는 방법, 건강을 유지하는 방법, 자손들과 잘 지낼 수 있는 방법 등을 상담하고 조언해 준답니다.

✳ 브레인 트레이너

브레인 트레이너는 두뇌의 기능과 특성에 대한 체계적이고 과학적인 지식을 바탕으로 두뇌 능력을 향상시킬 수 있는 교육 프로그램을 만들고 지도하는 일을 해요. 헬스 트레이너가 우리의 몸을 관리해 주는 것처럼, 브레인 트레이너는 우리의 뇌를 알맞은 훈련법으로 단련시키는 것이지요. 일반적으로 브레인 트레이닝 관련 센터에서 상담이나 교육 업무를 맡아서 진행해요. 어린이와 청소년에겐 학습 능력과 집중력 향상을, 어른들에겐 치매 예방과 기억력 향상을 위한 프로그램을 기획하고 교육한답니다.

✳ 디지털 장의사

인터넷, SNS, 빅데이터 등 디지털 기술이 발전하면서 개인 정보와 계정 관리에 대한 우려와 관심이 높아지고 있어요. 디지털 장의사는 인터넷에 올린 사진이나 게시물, 댓글 등으로 인해 피해를 입지 않도록 안전하게 관리하거나 깨끗하게 삭제해 주는 일을 해요. 또 전자 우편을 보낸 사람들에게 고객이 사망했음을 알리는 서비스도 제공하지요.

✳ 정신 대화사

정신 대화사는 혼자 사는 독신 가정, 은둔형 외톨이, 고령자, 사고나 재해 피해자 등 외로워하거나 정신적으로 힘들어하는 사람들을 따뜻한 대화로 보살펴 주는 일을 해요. 약 처방이나 정신 요법과 같은 의료 행위가 아니라 대화를 통해 위로해 주는 일이기 때문에 무엇보다 다른 사람들을 위해 일하겠다는 봉사 정신과 희생정신이 필요해요.

1. 생명과 환경

생명의 탄생과 흐름, 나와 가족, 공동체에 대한 다양한 주제들을 다루어 세상에 대한 바른 시선과 다양한 지식을 제공해 준다. '태어날 때 이미 3억의 경쟁자를 이긴 게 바로 나?', '안아 주는 것만으로 생명을 살릴 수 있다?', '베풀고 살면 몸이 건강해진다?', '햄버거 때문에 지구가 위험하다?', '평생 고기를 먹지 않은 사자가 있다?' 등의 재미있는 이야기를 통해 자존감을 높여 주고, 나와 가족과 사회를 생각하게 해 주고, 더불어 살아가는 지혜를 일깨워 준다.

값 12,000원 ISBN 979-11-86082-33-1(64300)

2. 경제의 이해

경제란 무엇인지 알게 해 주고, 어린이들이 올바른 경제관념을 갖도록 해 준다. 단순히 물건을 사고파는 일 외에도, 모든 일상의 활동이 경제와 어떻게 관련돼 있는지 흥미롭게 알려 준다. '2000만 마르크로 살 수 있던 게 고작 빵 한 덩이?', '물가의 마술에 걸려 오르락내리락하는 돈의 가치?', '배도 그물도 없이 고기를 낚는 어부들이 있다?', '새 옷 한 벌 때문에 서재를 통째로 바꾸었다?', '먹거리 3km 다이어트로 푸드 마일을 줄인다?' 등의 내용을 재미있게 알아볼 수 있다.

값 12,000원 ISBN 979-11-86082-34-8(64300)

3. 소중한 문화유산

우리 얼이 담긴 문화재, 나라를 위해 삶을 바친 위인들, 되새겨야 할 역사적 사건들을 담아 우리의 문화유산이 어떻게 지켜졌는지, 어떤 면에서 우수한지 알려 주며 문화적 자긍심을 키워 준다. '전 재산을 걸어 낡은 것들을 모은 바보가 있다?', '최초의 국어사전을 만들게 한 말모이 작전은 무엇?', '묻고 듣는 것이 세종대왕의 특별한 능력이라고?', '경부고속도로가 세운 세계적인 기록은?' 등의 해답을 찾아가는 사이 '왜', '어떻게' 우리 것들이 만들어지고 위기 속에서 이어져 왔는지 알 수 있을 것이다.

값 12,000원 ISBN 979-11-86082-35-5(64300)

4. 함께 사는 사회

전쟁과 자연재해, 기후 변화 등 국제 사회에서 벌어진 다양한 사건들을 다루며, 지구촌의 이웃과 더불어 살기 위해 무엇을 나눠야 할지 고민하게 한다. 또한 나눔을 실천하는 국제기구를 알아가면서 서로 도우며 살아가는 방법을 배울 수 있다. '가난한 환자를 직접 찾아가는 병원 열차가 있다?', '회색늑대가 사라진 숲이 왜 황폐해졌을까?', '의학 교육을 무료로 시켜 주는 나라가 있다?', '1069명의 아이를 구한 유모차 공수 작전이란?', '핵폐기물이 안전해지기까지 10만 년이 걸린다고?' 등의 답을 찾을 수 있다.

값 12,000원 ISBN 979-11-86082-36-2(64300)

5. 꿈과 진로

행복한 인생의 필수 요건인 꿈과 직업에 관한 이야기를 담아 자신의 꿈을 발견하고 이를 직업으로 실현시키기까지 어떤 과정을 거쳐야 하는지 알려 준다. 힘든 상황에서도 포기하지 않고 자신의 꿈을 현실로 만든 사람들의 이야기를 통해 바람직한 삶의 자세를 배울 수 있다. '거짓투성이 책의 작가가 빅토르 위고?', '사물의 몸과 마음으로 들어가는 신비한 능력?', '대학 중퇴자가 최고의 CEO가 될 수 있었던 비밀은?', '600년 전통 명문 학교의 주요 과목이 체육?' 등의 내용을 재미있게 만날 수 있다.

값 12,000원 ISBN 979-11-86082-37-9(64300)

'5분의 메시지'로 생각하는 힘을 기른다!

생각하는 힘을 키워 주는 『어린이 지식ⓔ』는
아이들에게 책 한 권의 지식을 넘어, 지혜를 자라나게 해 줍니다.

어린이 지식ⓔ 시리즈

6. 역사와 인물

문명을 발전시킨 도구와 사회를 바꾼 사건과 인물들을 소개한다. 인류 문명의 발전을 가져온 재미난 이
야기와 다양한 정보는 역사에 대한 흥미를 불러일으키고, 우리의 일상을 만들고 변화시켜 온 살아 있는
역사를 만나게 해 준다. '인류의 발전은 두 손에서 시작됐다?', '1582년 로마의 달력에서 열흘이 통째로
사라졌다?', '지구가 돈다는 사실을 증명해 낸 것이 교수의 장난감?', '18세기 사람들은 이슬이 나비가
된다고 믿었다?', '왜 나폴레옹은 자신을 그린 화가를 미워했을까?' 등의 궁금증을 풀 수 있다.
값 12,000원 ISBN 979-11-86082-38-6(64300)

7. 창의적 도전

세상을 새롭게 변화시킨 사람들의 새로운 발상과 상상력을 소개해, 어린이들의 창의적인 사고력을 키
워 준다. 생각을 일깨워 주고, 바꿔 주고, 다르게 생각하도록 영감을 주는 이야기는 '사물을 어떻게 바라
보고, 어떤 방식으로 생각할 것인가?'라는 것을 깊이 생각하게 한다. '청중들의 소음만으로 이루어진 음
악이 있다?', '변기를 전시하면 예술 작품일까? 아닐까?', '꽃과 열매 그림이 멀리서 보면 사람 얼굴이라
고?', '피카소가 한국 전쟁의 참상을 그린 이유는?' 등의 이야기를 만날 수 있다.
값 12,000원 ISBN 979-11-86082-39-3(64300)

8. 과학과 기술

과학과 기술이 어떻게 시작되고 발달해 왔는지에 대한 이야기가 실려 있다. 새로운 아이디어로 인류의
삶을 바꿔 놓은 발명 이야기를 통해 과학적인 잠재력을 깨우고, 과학에 대한 지식을 배우게 한다. '달의
뒤편으로 간 남자가 있었다?', '라이트 형제가 발명한 비행기 원리는 자전거에서 얻었다고?', '엘리베이
터가 100층을 오르는 데 수만 년이 걸렸다고?', '혈액이 온몸을 한 바퀴 도는 데 1분밖에 안 걸린다고?',
'깡패에게 돈을 빼앗긴 곳을 알려 주는 지도가 있다?' 등 흥미로운 정보가 가득하다.
값 12,000원 ISBN 979-11-86082-40-9(64300)

9. 자연과 생태계

생태계의 신비한 이야기를 통해 동식물의 생존 법칙과 인간이 자연과 공존하는 방법을 알려 준다. 깊이
있는 자연 탐구의 기회를 주는 것은 물론 소중한 자연을 지키고 보존해야 함을 깨닫게 한다. '식물도 화
가 나면 공격한다고?', '달리기에서 타조가 치타를 앞지를 수 있을까?', '생명이 있는 곳 어디에나 있는
백색 결정체는 무엇일까?', '깊고 어두운 해저 2700m, 생존의 법칙은 무엇일까?', '다람쥐의 볼에 도토
리 12알을 넣을 수 있다고?' 등의 의문을 풀 수 있다.
값 12,000원 ISBN 979-11-86082-41-6(64300)

10. 다양한 가치관

어떤 가치관을 가지고 세상을 살아가야 할지 생각해 볼 수 있는 이야기가 담겨 있다. '어떻게 살아야 한
다.'라는 정의를 내려 주지는 않지만 올바른 가치관을 세우기 위해 꼭 필요한 분별력을 기를 수 있다.
'미국의 시내 한복판에 북한을 소개하는 식당이 있다?', '20점 만점에 10점만 넘으면 원하는 대학에 갈
수 있는 나라는?', '나의 모든 이야기를 잘 들어 주는 컴퓨터가 있다?', '글짓기를 잘하는 사람은 글쓰기
를 못한다?' 등의 재미있는 이야기를 만날 수 있다.
값 12,000원 ISBN 979-11-86082-42-3(64300)